365 TAGE ARCHITEKTUR

PRESTEL
MÜNCHEN | BERLIN | LONDON | NEW YORK

In Zusammenarbeit mit

© Prestel Verlag, München · Berlin · London · New York, 2009

© für die abgebildeten Werke bei den Architekten und Künstlern, ihren Erben oder Rechtsnachfolgern mit Ausnahme von: Santiago Calatrava, Walter Gropius, Rem Koolhaas, Mies van der Rohe und Frank Lloyd Wright bei VG Bild-Kunst, Bonn 2009; Le Corbusier bei FLC/VG Bild-Kunst, Bonn 2009

Die Deutsche Bibliothek verzeichnet diese Publikation in der Deutschen Nationalbibliografie; detaillierte bibliografische Daten sind im Internet über http://dnb.ddb.de abrufbar.

Prestel Verlag
Königinstraße 9
80539 München
Tel. +49 (0) 89 24 29 08-300
Fax +49 (0) 89 24 29 08-335
www.prestel.de
info@prestel.de

Projektmanagement: Katharina Haderer, Claudia Stäuble
Zitatredaktion: Edgar Kroll
Umschlag und Gestaltungskonzept: LIQUID Agentur für Gestaltung, Augsburg
Herstellung: Astrid Wedemeyer
Satz: Vornehm Mediengestaltung, München
Lithografie: ReproLine Mediateam, München
Druck und Bindung: Polygraf Print, Prešov

Gedruckt auf chlorfrei gebleichtem Papier

ISBN 978-3-7913-4227-6

Architektur zielt auf die Ewigkeit.

Christopher Wren

In großen Dingen
ist schon der Wille genug.

Sextus Propertius

Taj Mahal, 1631–1648
Agra/Indien

1. JANUAR

Die Architektur hat ein Privileg im Vergleich mit anderen Disziplinen: Sie war schon vor dem Architekten geboren und sie wird den Architekten auch überleben. Sie hat eine gewisse Trägheit und sagt etwas aus über die Vergangenheit wie über die Gegenwart.

Mario Botta

San Francisco Museum of Modern Art, 1994
Mario Botta
San Francisco/U. S. A.

2. JANUAR

In Bibliotheken fühlt man sich wie in Gegenwart eines großen Kapitals, das geräuschlos unberechenbare Zinsen spendet.

Johann Wolfgang von Goethe

The Glasgow School of Art, Bibliothek, 1897–1909
Charles Rennie Mackintosh
Glasgow/Schottland

3. JANUAR

Mit eigenen Händen bauten sie in Einöden und wilden Gegenden mehrere Klöster, denen sie in weiser Voraussicht heilige Namen gaben: ›Haus Gottes‹, ›Lichtes Tal‹, ›Almosen‹ und verschiedene andere dieser Art, deren Name allein bereits Nektar ist.

Ordericus Vitalis, Historiae ecclesiasticae

Klosterkirche Santa Maria del Patire, 1100
Rossano/Italien

4. JANUAR

Auch die Augen haben ihr täglich Brot:
den Himmel.

Ralph Waldo Emerson

Palast Hôtel de Cluny, 1485–1490
Paris/Frankreich

5. JANUAR

Wer uns vor nutzlosen Wegen warnt, leistet uns einen ebenso guten Dienst, wie derjenige, der uns den notwendigen anzeigt.

Heinrich Heine

Verbotene Stadt, Torflucht, 1406–1420
Peking/China

6. JANUAR

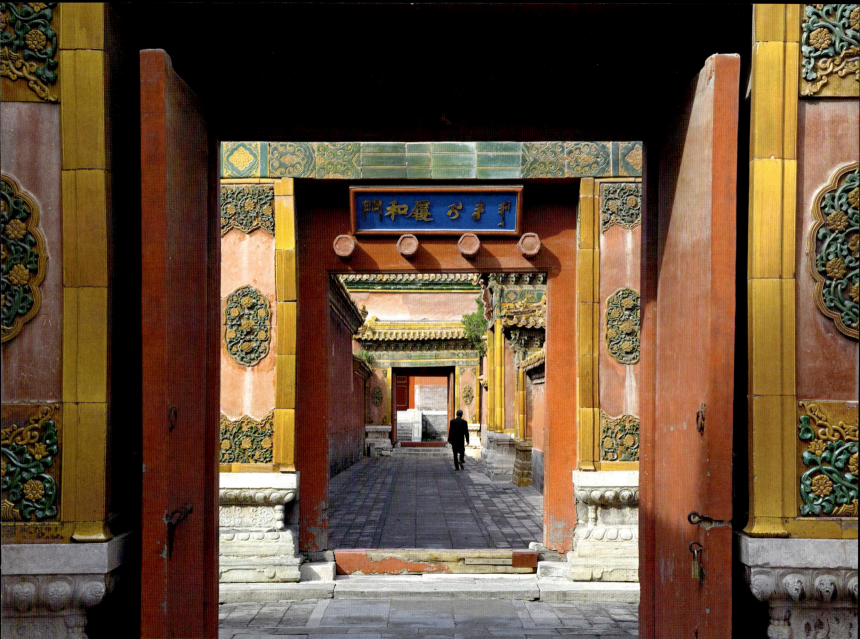

Die Symmetrie gefällt uns, sagt ein großer Mann (Montesqieu), denn sie verkörpert die Klarheit; und der Geist, der ohne Unterlass zu begreifen versucht, überschaut und erfasst ohne große Mühe alles Symmetrische.

Ètienne-Louis Boullée

Basilika San Lorenzo, Deckengewölbe, 1666–1679
Guarino Guarini
Turin/Italien

7. JANUAR

Wo Klarheit herrscht, da ist auch Ruhe.

Wilhelm von Humboldt

Villa Tugendhat, 1930
Ludwig Mies van der Rohe
Brünn/Tschechien

8. JANUAR

Wenn aber die Gewaltigen klug sind,
so gedeiht die Stadt.

Jesus Sirach 10,3

Empire State Building, 1930–1931
Shreve, Lamb & Harmon
New York/U.S.A.

9. JANUAR

Vergangenheit und die Erinnerung
haben eine unendliche Kraft.

Jefferson Memorial, 1939–1943
John Russell Pope
Washington/U.S.A

Wilhelm von Humboldt

10. JANUAR

Hier ist die Kühnheit Klugheit.

Emanuel Geibel

Viadukt von Millau, 2001–2004
Michel Virlogeux, Norman Foster
Millau/Frankreich

11. JANUAR

Gott, der die Eigenart der Dinge
und der Namen unterscheidet,
hat den Dingen ihr rechtes Maß
und ihre Aufgabe zugewiesen,
wie den Gliedern eines riesigen Leibes.

Arnoldus Bonavallis

Sainte-Marie de la Tourette, 1956–1960
Le Corbusier
Éveux/Frankreich

12. JANUAR

Ich bin von jeder Ordnung Freund …

Johann Wolfgang von Goethe

Mezquita de Córdoba, Wanddetail, 600–987
Córdoba/Spanien

13. JANUAR

Das Kunstwerk soll Leben anregend
seyn so wie es selbst durch Idee
Leben in sich hat.

Karl Friedrich Schinkel

Cinémathèque Française, 1994
Frank O. Gehry
Paris/Frankreich

14. JANUAR

Wenn man nichts Besseres an die Stelle zu setzen weiß für etwas, was einem nicht vollständig gefällt, so tut man immer, meiner Überzeugung nach, besser, der Schwerkraft der Ereignisse ihre Wirkung zu lassen und die Sache einstweilen so zu nehmen wie sie ist.

Otto von Bismarck

Santa Maria Assunta (Dom zu Pisa) mit Glockenturm, 1063–1372
Pisa/Italien

15. JANUAR

Als Werte sind Waren nur bestimmte
Masse festgeronnener Arbeitszeit.

Karl Marx

Prada Store Aoyama, 2001–2003
Herzog & de Meuron
Tokio/Japan

16. JANUAR

PRADA

AOYAMA/H&deM/JUNE 7 2003

Gott braucht uns.
Wir sind die Sandkörner in den
Bausteinen, mit denen er die
Menschheitsgeschichte baut.

Friedrich Naumann

Basilika St. Sernin, Kapitelle des Portals, 1077–1119
Toulouse/Frankreich

17. JANUAR

Als ein Architekt, glaube ich, muss man seine Ideen und Formen kontrollieren, und das sollte sehr stark aus einem rationalen Antrieb heraus geschehen.

Santiago Calatrava

Ciudad de las Artes y de las Ciencias (Stadt der Künste und der Wissenschaften), 1991–2006
Santiago Calatrava
Valencia/Spanien

18. JANUAR

Die Welt ist ein Gefängnis.

Johann Wolfgang von Goethe

Kathedrale Notre-Dame d'Amiens, Langhauslabyrinth, nach 1218
Robert de Luzarches et al.
Amiens/Frankreich

19. JANUAR

Als Architekt tut man etwas
und alle denken, das ist dein Stil.
Wenn sie lieben, was man baut,
wollen sie, dass man es wieder und
wieder baut. Das ist der Anfang vom
Ende, natürlich, weil man dann in
einer Art Stil-Gefängnis gefangen ist …

Renzo Piano

New York Times-Gebäude, Treppenaufgang, 2003–2007
Renzo Piano
New York/U. S. A.

20. JANUAR

Glaubt mir, das war ein glückliches Zeitalter, bevor es Architekten und Baumeister gab.

Seneca

Hôtel Dieu de Beaune, 1443–1661
Beaune/Frankreich

21. JANUAR

Was ist Originalität? Das ist hier die Frage. Originell zu sein ist nicht das Wichtigste, nicht wahr? Ich meine, um etwas zu entwerfen, musst du sicher sein, dass es das Beste ist, was du unter diesen bestimmten Rahmenbedingungen tun kannst, und nicht immer das Originellste.

Ieoh Ming Pei

Wembley-Stadion, 2003–2007
Norman Foster
London/England

22. JANUAR

Eine Dialektik zwischen dem Bauwerk, dem Raum und dem Kunstwerk ist angestrebt – nicht im Sinne einer Integration, sondern im Sinne einer Konfrontation, die das Potenzial der Objekte und des Raumes sichtbar und erlebbar werden lässt.

Hans Hollein

Museum Abteiberg, 1972–1982
Hans Hollein
Mönchengladbach/Deutschland

23. JANUAR

Durch dieses Schweigen und diese
Einfachheit verwandeln wir uns
und schreiten von Licht zu Licht voran.

Gilbert von Holland

Abtei Saint-Pierre, 1059–1131
Moissac/Frankreich

24. JANUAR

Der ganze Himmel ist
Harmonie und Zahl.

Pythagoras

Potsdamer Platz mit BahnTower, Berlin, 1998–2000
Helmut Jahn
Berlin/Deutschland

25. JANUAR

Das Ganze muss über die Teile herrschen, die Massen müssen kräftemäßig ausbalanciert wirken und der Maßstab muss durchweg eingehalten sein.

Geoffrey Scott

Dom Mariae Aufnahme in den Himmel und St. Kassian, 1745
Brixen/Italien

26. JANUAR

Etwas Neues und bis jetzt Unerhörtes.

Cicero

Chrysler Building, 1928–1930
William van Alen
New York/U. S. A.

27. JANUAR

Welch eine wundersame Zeit ist nicht das Mittelalter, wie glühte in ihm nicht die Erde liebeswarm und lebenstrunken auf; wie waren die Völker nicht junge kräftige Stämme noch, nichts Welkes, nichts Kränkliches, alles saftig frisch und voll, alle Pulse rege schlagend, alle Quellen rasch aufsprudelnd, alles bis in die Extreme hin lebendig.

Joseph Görres

Kathedrale Santa Maria de la Sede, Querschifffassade, um 1517
Sevilla/Spanien

28. JANUAR

Zu kühn wird mir das Gaukelspiel.

Friedrich von Schiller

City Hall Greater London Authority, 2000–2002
Norman Foster & Partner
London/England

29. JANUAR

Erhebt euch durch die Demut. Das ist der Weg; es gibt keine anderen.
Wer anders aufwärts strebt, fällt schneller, als er aufsteigt. Allein die Demut erhöht; sie allein führt zum Leben.

Bernard von Clairvaux

Kirche Agios Vassilios, Ende 14. Jahrhundert
Arta/Griechenland

30. JANUAR

Ich bin Ingenieur, nicht nur Architekt und daher bin ich durch Technik, durch Technologie motiviert worden. Sobald sich etwas in der Technologie weiterbewegt, verändert es auch die Architektur.

Santiago Calatrava

Bahnhof Lyon-Saint-Exupéry, 1994
Santiago Calatrava
Lyon/Frankreich

31. JANUAR

Die Form ist nicht das Ziel,
sondern das Resultat unserer Arbeit.

Notre-Dame du Haut, 1955
Le Corbusier
Ronchamp/Frankreich

Mies van der Rohe

1. FEBRUAR

Preiset der Mensch das Weltgebäude,
So prangt es durch die Symmetrie.

Friedrich von Schiller

Königliche Saline, 1775–1778
Claude Nicolas Ledoux
Arc-et-Senans/Frankreich

2. FEBRUAR

Alle meine Projekte sind aus der Auseinandersetzung mit dem jeweiligen Ort, seiner Geschichte und seiner Umgebung entwickelt – denken Sie an das Jüdische Museum Berlin oder das Felix-Nussbaum-Haus in Osnabrück, aber auch an meine Projekte in Toronto und Denver. Nur ein Gebäude, das spezifisch für einen Ort entworfen wurde, wird sich auf lange Sicht bewähren.

Daniel Libeskind

Jüdisches Museum Berlin, 1992–2001
Daniel Libeskind
Berlin/Deutschland

3. FEBRUAR

Die Höhe reizt uns; nicht die Stufen …

Johann Wolfgang von Goethe

Benediktinerkloster Melk, Treppenhausspirale, 1725–1750
Jakob Prandtauer, Josef Munggenast
Melk/Österreich

4. FEBRUAR

Harmonie ergibt sich aus der
Analogie der Gegensätze.

Buch Sohar

Dachgiebel der Gildehäuser an der Grand Place in Brüssel, um 1700
Brüssel/Belgien

5. FEBRUAR

Während im Innern des Museums das Hauptaugenmerk darauf liegt, ideale Ausstellungsbedingungen herzustellen, soll sein Äußeres auf seine Rolle als Behälter lebendiger Kunst aufmerksam machen: Die polychrome Fassade wirkt wie ein großes abstraktes Gemälde.

Louisa Hutton, Matthias Sauerbruch

Museum Brandhorst, 2008
sauerbruch hutton
München/Deutschland

6. FEBRUAR

Im Reich der Zwecke
hat alles entweder seinen Preis
oder seine Würde.

Immanuel Kant

Bauhausgebäude, Fassadendetail, 1925–1926
Walter Gropius
Dessau/Deutschland

7. FEBRUAR

Die Völker vergehen,
die Throne stürzen,
die Institutionen verschwinden,
aber die Kirche bleibt.

Napoléon Bonaparte

Kirche Bom Jesus do Monte, 1784–1834
Carlos Amarante
Braga/Portugal

8. FEBRUAR

Die Schrift ist das große Symbol der Ferne, also nicht nur der Weite, sondern auch vor allem der Dauer, der Zukunft, des Willens zur Ewigkeit.

Oswald Spengler

Kalyan-Moschee, 1514
Bukhara/Usbekistan

9. FEBRUAR

Die schönste Harmonie entsteht durch das Zusammenbringen der Gegensätze.

Heraklit

Berliner Philharmonie, 1960–1963
Hans Scharoun
Berlin/Deutschland

10. FEBRUAR

Die Welt ist ein Spiegel, aus dem jedem sein eigenes Gesicht entgegenblickt.

William Makepeace Thackeray

Heiliggeistkirche, 1407–1461
Hans von Burghausen
Landshut/Deutschland

11. FEBRUAR

Ich gehe durch den Todesschlaf
Zu Gott ein als Soldat und brav.

Johann Wolfgang von Goethe

Kathedrale Sainte-Eulalie-et-Sainte-Julie, Kapitelle des Kreuzganges,
12. – 14. Jahrhundert
Elne/Frankreich

12. FEBRUAR

Das Würfelspiel hat
ein Dämon erfunden.

Augustinus

World Financial Center in New York, 1985–1988
César Pelli
New York/U. S. A.

13. FEBRUAR

Denn in sich ganz und einfach
ist das Große.

Emmanuel Geibel

Konfuzianischer Tempel, 1285
Jianshui/China

14. FEBRUAR

Von diesen Pyramiden blicken
vierzig Jahrhunderte auf euch.

Napoléon Bonaparte

Pyramiden von Gizeh, 2620–2500 v. Chr.
Gizeh/Ägypten

15. FEBRUAR

Das hastige Auffahren des Zickzacks führt unmittelbar die Erinnerung an brennendes Rot mit sich, während das sanfte Blau einer weichen Wellenlinie sich zugesellt, und zwar eine mattere Nuance den langgezogenen Wellen, eine kräftigere den leichter beweglichen.

Heinrich Wölfflin

Torre del Agua (Wasserturm), 2008
Enrique de Teresa
Saragossa/Spanien

16. FEBRUAR

Wer den Himmel nicht in sich selber trägt, sucht ihn vergebens im ganzen Weltall.

Otto Ludwig

Santa Maria in Roa, Deckengewölbe, 16. Jahrhundert
Roa/Spanien

17. FEBRUAR

Der Mensch hat in seiner Natur
einen gewissen Trieb zur Vollendung.

Friedrich Engels

Saint Paul's Cathedral, 1675–1708
Christopher Wren
London/England

18. FEBRUAR

Was ist die Welt?
Das, worin Vergehen waltet.

Buddha

Sêra Kloster, 1970
Kushalnagar/Indien

19. FEBRUAR

Nur ungewöhnliche Kraft darf
nach Ungewöhnlichem streben.

Theodor Körner

Kaufmann House, 1947
Richard Neutra
Palm Springs/U. S. A.

20. FEBRUAR

Schönheit besteht in Harmonie,
die immer eng mit Schlichtheit
verbunden ist.

Giovanni Battista Casanova

Kurjey Lhakhang Kloster, Detail, nach 1652
Bumthang/Bhutan

21. FEBRUAR

Bei uns auf steiler Höh´,
umweht von Himmelsluft!

Ludwig II. von Bayern (an Richard Wagner)

Neuschwanstein, 1869–1884
Eduard Riedel, Christian Jank
Schwangau/Deutschland

22. FEBRUAR

Warum das Vergangene uns so lieblich dünkt? Aus demselben Grunde, warum eine Graswiese mit Blumen aus der Entfernung ein Blumenbeet scheint.

Franz Grillparzer

Alcazar Sevilla, Hof der Jungfrauen, 1364
Sevilla/Spanien

23. FEBRUAR

Maß ist zu allen Dingen gut.

Agricola

Château Castel del Monte, 1240–1250
Andria/Italien

24. FEBRUAR

Ornament ist vergeudete Arbeitskraft
und dadurch vergeudete Gesundheit …
Heute bedeutet es auch vergeudetes
Material, und beides bedeutet
vergeudetes Kapital.

Adolf Loos

Palaststadt Medina Azahara, Detail, 936–976
Córdoba/Spanien

25. FEBRUAR

In Wirklichkeit wollte ich immer Baseball-Champion werden. Ich war schon immer ein athletischer Typ und habe Baseball gespielt. Aber ab einem bestimmten Punkt, da es mir nicht gelungen war, auf eine Universität zu kommen, hatte ich keine andere Wahl mehr: Ich musste mich für Architektur einschreiben.

Toyo Ito

Tod's Omotesando Building, 2003–2004
Toyo Ito & Associates
Tokio/Japan

26. FEBRUAR

Unsere leibliche Organisation ist
die Form, in der wir alles Körperhafte
auffassen.

Heinrich Wölfflin

Château von Châteaudun, Treppenhaus im Longueville-Flügel, 1170–1491
Châteaudun/Frankreich

27. FEBRUAR

Es ist wahrscheinlich, dass der hauptsächliche Grund des Glaubens an Wunder, an Visionen, an Bezauberungen und ähnliche Dinge auf der Einbildungskraft beruht, welche gewöhnlich die Seele des niederen Volkes erregt, die weniger Widerstand zu leisten imstande ist. Man hat sich ihres Glaubens dermaßen bemeistert, dass sie glauben, etwas zu sehen, was sie nicht sehen …

Montaigne

Bally's Hotel, 1981
Las Vegas/U. S. A.

28./29. FEBRUAR

Bigness ist der Gipfel der Architektur.

Rem Kohlhaas

Rendering des China Central Television Headquarters, 2002–2008
Rem Koolhaas, Ole Scheeren
Peking/China

1. MÄRZ

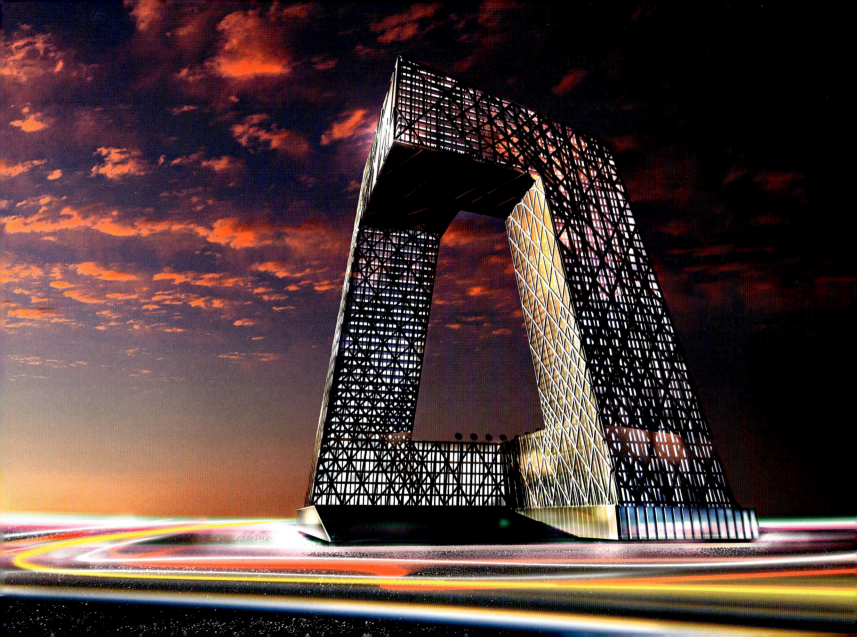

Antike Tempel konzentrieren den Gott im Menschen; des Mittelalters Kirchen streben nach Gott in der Höhe.

Johann Wolfgang von Goethe

Kölner Dom, Fassade, 1248–1880
Köln/Deutschland

2. MÄRZ

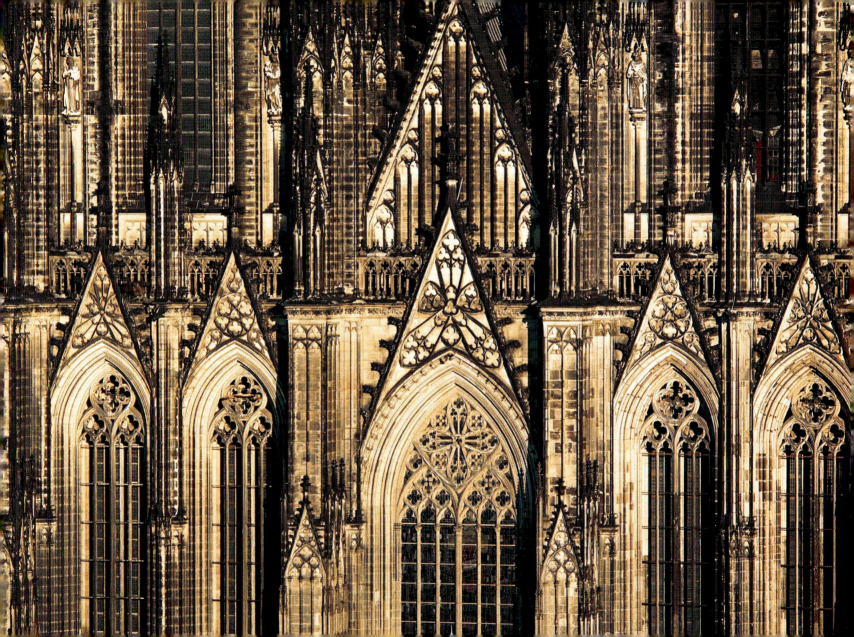

Auch ein hunderttausend Fuß
hoher Turm ruht auf der Erde.

Chinesische Weisheit

Festung Jiayuguan am Jiayu-Pass, 1372–1539
Jiayu-Pass/China

3. MÄRZ

Es gibt sieben der schönsten und am besten proportionierten Zimmerarten: Man macht sie rund, aber das ist selten, oder quadratisch, oder ihre Länge sei entweder gleich der Diagonale des Quadrates, gebildet aus der Breite des Zimmers, oder sie sind eineindrittel, eineinhalb, einzweidrittel oder zwei Quadri groß.

Andrea Palladio

Hotel Puerta America, Schlafzimmer, 2003
Zaha Hadid (Zimmereinrichtung)
Madrid/Spanien

4. MÄRZ

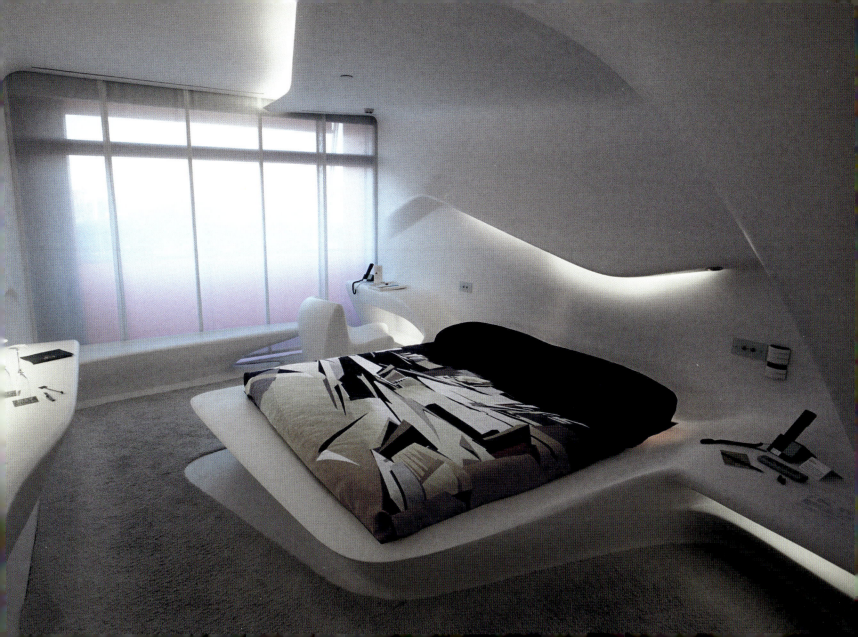

Im Grunde gibt es nur Heiterkeit, wo es Sieg gibt; und dies gilt von den Werken wahrer Denker ebenso als von jedem Kunstwerk.

Friedrich Nietzsche

Château de Montreuil-Bellay, Mitte des 15. Jahrhunderts
Montreuil-Bellay/Frankreich

5. MÄRZ

Die Wand ist dasjenige bauliche Element, das den eingeschlossenen Raum als solchen gleichsam absolute und ohne Hinweis auf Seitenbegriffe formaliter vergegenwärtigt und kenntlich macht.

Gottfried Semper

Hausfassaden an der Grand Place in Lille, 17. Jahrhundert
Lille/Frankreich

6. MÄRZ

Eine der wesentlichen Aufgaben der Zukunft ist es, die vorhandene Substanz zu nutzen, sie anzuverwandeln, aufzuwerten und neu zu interpretieren.

Konrad Wohlhage

Indische Botschaft Berlin, 1999–2001
Léon Wohlhage Wernik Architekten
Berlin/Deutschland

7. MÄRZ

In Dämonen gewahrt man sowohl
ihre Natur, die von Gott ist, wie
auch die Missförmigkeit ihrer Schuld,
die nicht von Gott ist.

Thomas von Aquin

Saint-Michel-de-Cuxa, Säulenkapitell im Kreuzgang, um 1126
Codalet/Frankreich

8. MÄRZ

Alle irdischen Dinge habe die Neigung sich gen Himmel zu erheben und, wenn die Kanten endlich abgeschliffen sind, den Kreis anzustreben, der die schönste aller Figuren ist.

Hl. Hieronymus

Dom von Padua, Kuppel, 1551–1754
Michelangelo Buonarroti et al.
Padua/Italien

9. MÄRZ

Mancher kann nicht
aus dem Fenster hinaus denken.

Wilhelm Busch

Agbar-Turm, Fassadendetail, 2001–2004
Jean Nouvel
Barcelona/Spanien

10. MÄRZ

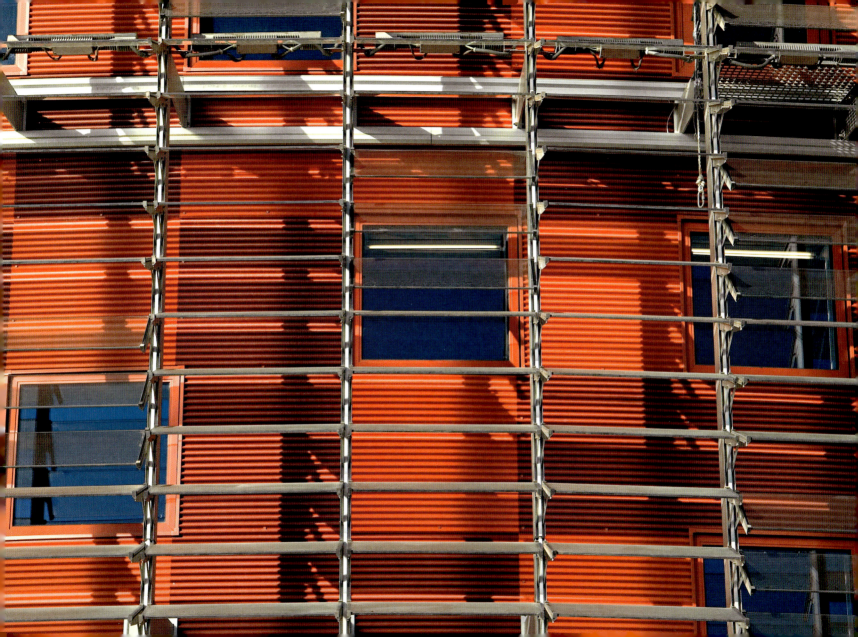

In der Baukunst muss wie in jeder Kunst Leben sichtbar werden, man muss die Handlung des Gestaltens der Idee sehen und wie die ganze bildliche Natur ihr zu Gebote steht und sich hervordrängt um ihrem Willen zu genügen.

Karl Friedrich Schinkel

Schloss Belvedere (Oberes Belvedere), 1721–1723
Johann Lucas von Hildebrandt
Wien/Österreich

11. MÄRZ

So wie der Mensch so ist sein Gott,
sein Glaube.

Friedrich Rückert

Sri Ranganathaswami Tempel Detail, seit dem 10. Jahrhundert
Srirangam/Indien

12. MÄRZ

Wo ein Kirchturm ist, da steckt unser
Herrgott den Finger aus der Erde

Kirchturm von St. Joseph, 1951–1957
Auguste Perret
Le Havre/Frankreich

Deutsches Sprichwort

13. MÄRZ

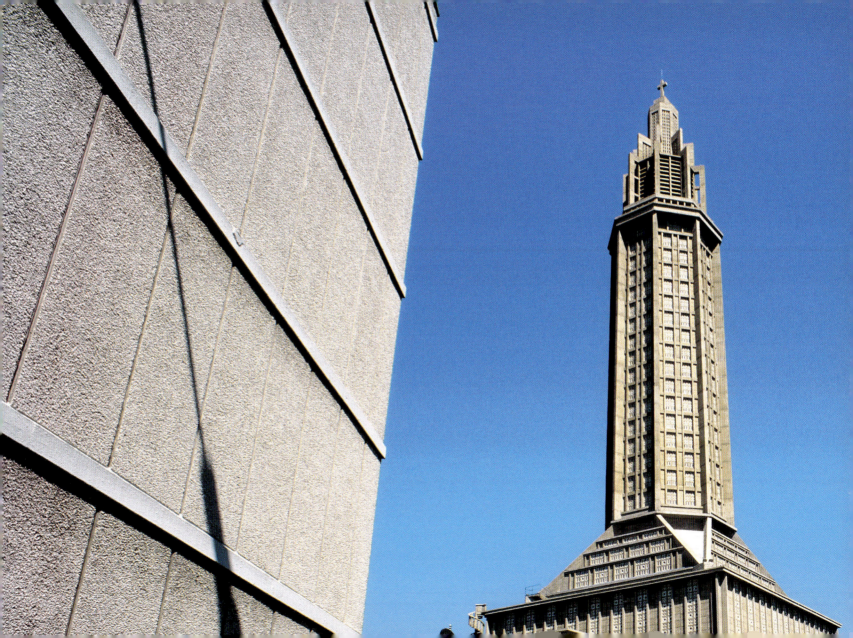

Man sagt immer, die Wirklichkeit sei langweilig und eintönig; um sich zu zerstreuen greift man zur Kunst, zur Fantasie und liest Romane. Was kann fantastischer und unerwarteter sein als die Wirklichkeit? Was kann sogar unwahrscheinlicher sein als die Wirklichkeit?

Fedor M. Dostoevskij

Wieskirche, Blick auf den Nordchor, 1745–1754
Johann Baptist und Dominikus Zimmermann
Wies/Deutschland

14. MÄRZ

Ich war jetzt ein halbes Jahrhundert oder mehr in dieser Position und die wichtigste Zutat für einen Architekten zu einem guten Gebäude ist es, einen guten Auftraggeber zu haben.

Ieoh Ming Pei

Neubau Deutsches Historisches Museum, 1998–2004
Ieoh Ming Pei
Berlin/Deutschland

15. MÄRZ

Der moderne Mensch, der Mensch mit den modernen Nerven, braucht das Ornament nicht, er verabscheut es.

Adolf Loos

Gresham Palast Budapest, Foyer, 1907
József und Laszió Vágo, Zsigmond Quittner
Budapest/Ungarn

16. MÄRZ

Hier ist das absolute Reich
supremer Eleganz.

Auguste Rodin

Esplanade-Kulturzentrum, 2002
DP Architects, Michael Wilford & Partners
Singapur/Singapur

17. MÄRZ

Nur auf den Begriff von ›Ordnung‹
kann der von ›Freiheit‹ ruhen.

Clemens Wenzel Lothar von Metternich

Ben Youssef Medersa in der Medina von Marrakesch, 14. Jahrhundert
Marrakesch/Marokko

18. MÄRZ

Es ist ein Akt freier ästhetischer Betrachtung, wenn wir uns mit Hilfe der Fantasie hineinversetzen in das Zentrum des Innenraumes, dessen Außenseite sich vor uns aufbaut …

August Schmarsow

The Sage Gateshead (Konzerthalle), 2004
Norman Foster
Gateshead/England

19. MÄRZ

›Einfach‹ denken heißt auf einfache Dinge zurückführen, und das bedeutet: mit einem Auge auf das Ganze gerichtet. Das ist, glaube ich, das Geheimnis der Einfachheit.

Frank Lloyd Wright

Haus Fallingwater, 1935
Frank Lloyd Wright
Ohiopyle, U. S. A.

20. MÄRZ

Wer in Klöstern etwas anderes sucht als Gott und sein Seelenheil, der wird nichts finden als Plage und Herzeleid.

Thomas von Kempen

Zisterzienserkloster Fontenay, Kreuzgang, 1118–1147
Montbard/Frankreich

21. MÄRZ

Alle meine Gebäude gehen eine Beziehung zu ihrem Umfeld ein, sie versuchen, eine Verständigung aufzubauen und stellen sich nicht einfach plump in die Gegend.

Frank O. Gehry

Guggenheim Museum Bilbao, 1997
Frank O. Gehry
Bilbao/Spanien

22. MÄRZ

Zum Haus des Herrn
wollen wir pilgern.

Psalm 122,1

Kathedrale von Santiago de Compostela, 1077–1850
Santiago de Compostela/Spanien

23. MÄRZ

Schönheit ist vollkommene
Übereinstimmung des Sinnlichen
mit dem Geistigen.

Franz Grillparzer

Ausstellungsgebäude der Wiener Secession, 1897/98
Joseph Maria Olbrich
Wien/Österreich

24. MÄRZ

Das Neue dringt herein mit Macht.

Louvre-Pyramide, 1985–1989
Ieoh Ming Pei
Paris/Frankreich

Friedrich von Schiller

25. MÄRZ

Danke jedem Augenblick des Seins
und verewige ihn.

Wassilij Rosanow

Kathedrale Notre-Dame de Reims, Westfassade, 1212–1300
Reims/Frankreich

26. MÄRZ

Energie als Mittelpunkt des Willens schafft die Wunder der Begeisterung zu allen Zeiten. Überall ist sie die Triebfeder dessen, was wir Charakterstärke nennen, und die erhaltende Kraft jeder großen Tat.

Samuel Smiles

Jüdisches Museum Berlin, Zinnverkleidung, 1992–2001
Daniel Libeskind
Berlin/Deutschland

27. MÄRZ

Wo Eitelkeit und Prunksucht anfängt,
hört der innere Wert auf.

Johann Gottfried Seume

Semperoper, Haupteingang, 1871–1878
Gottfried Semper
Dresden/Deutschland

28. MÄRZ

Das Alte wird nie alt,
es wird nur alt das Neue.

Friedrich Rückert

Dogenpalast, 1340–1450
Venedig/Italien

29. MÄRZ

Aber die Architektur hat ebenso ihren ganz eigenen Bereich, verbunden mit einem Genuss, der nur ihr eigen ist. Sie hat das Monopol des Raumes.

Geoffrey Scott

Bauhausgebäude, Treppenhausansicht, 1925/26
Walter Gropius
Dessau/Deutschland

30. MÄRZ

Die gotische Kathedrale ist eine Blüte aus Stein, die dem unstillbaren Bedürfnis des Menschen nach Harmonie unterworfen wurde.

Ralph Waldo Emerson

Abtei von Cluny, Glockenturm, 910–1130
Cluny/Frankreich

31. MÄRZ

Bei der Betrachtung der Architektur kommt es auf die Maße, die Verhältnisse von Höhe und Breite zuerst an; was dem großen Publikum am nächsten liegt, die Ornamentik, steht in zweiter Linie.

Hermann Grimm

St. Basilius Kathedrale, 1555–1561
Postnik Jakowlew
Moskau/Russland

1. APRIL

Am Eingang der Bahn liegt die Unendlichkeit offen; doch mit dem engsten Kreis höret der Weiseste auf.

Friedrich von Schiller

Jagdschloss Granitz, 1838–1846
Karl Friedrich Schinkel
Rügen/Deutschland

2. APRIL

Im 20. Jahrhundert wollten Architekten den Menschen neu erfinden; es war ein Irrweg. Man muss weder den Menschen noch die Architektur neu erfinden, oft reicht es, wenn man sich anschaut, wie ungeheuer reich und vielfältig die Bauten sind, die im Laufe der Jahrtausende errichtet wurden.

Norman Foster

Swiss Re-Tower, 2001–2004
Ken Shuttleworth, Norman Foster
London/England

3. APRIL

Die Abgeschiedenheit des Klosters
ist ein Abbild des Himmels.

Honorius Augustodunensis

Klosterruine Abtei San Galgano, 12. Jahrhundert
Siena/Italien

4. APRIL

Moderne Architektur ist das aus der richtigen Erkenntnis einer fehlenden Notwendigkeit erschaffene Überflüssige.

Karl Kraus

Sony Center, Dachkonstruktion, 1996–2000
Helmut Jahn
Berlin/Deutschland

5. APRIL

Die Kunst ist eine Vermittlerin des Unaussprechlichen.

Johann Wolfgang von Goethe

Kloster Saint Nicholas Anapausas, 1527
Theophanis Strelitzas (Fresken)
Meteora/Griechenland

6. APRIL

Nun muss ich über die Öffnungen sprechen. Es gibt zwei Arten von Öffnungen. Denn die einen geben Licht und Luft, die anderen Dingen und Menschen Ein- und Austritt im Haus.

Leon Battista Alberti

Thermalbad, 1996
Peter Zumthor
Vals/Schweiz

7. APRIL

Die Form ist alles.

Oscar Wilde

Wohnhaus Linke Wienzeile 38, Fassadendetail, 1898
Otto Wagner
Wien/Österreich

8. APRIL

Die Natur hat uns frei und ungebunden in die Welt gesetzt: Wir kerkern uns ein in ein kleines Stück Land.

Michel de Montaigne

Nationalstadion Peking (»Vogelnest«), 2003–2007
Herzog & de Meuron
Peking/China

9. APRIL

Die Kraft des Stils liegt
in der Überzeugung …

Franz Grillparzer

Hotel Puerta America, 10. Stockwerk, Schlafzimmer, 2003
Arata Isozaki
Madrid/Spanien

10. APRIL

Architektur wird edel in dem Maße sein,
wie alle falschen Auskunftsmittel
vermieden werden.

John Ruskin

Kloster von St. Michel, ab dem 8. Jahrhundert
Saint Donat sur l'Herbasse/Frankreich

11. APRIL

Der Architekt jedoch entfloh
Nach Afri- od- Ameriko.

Christian Morgenstern

BMW Automobilwerk Leipzig, Zentralgebäude, 2004
Zaha Hadid
Leipzig/Deutschland

12. APRIL

Den meisten Architekten zufolge ist die Baukunst weniger die Kunst, nützliche Gebäude zu schaffen, als sie zu dekorieren.

Jean-Nicolas-Louis Durand

Kirche St. Peter und Paul, 1668–1704
Jan Zaor, Giambattista Frediani
Vilnius/Lettland

13. APRIL

Die Wissenschaft ist die höchste Kraft des menschlichen Geistes, der Genuss dieser Kraft aber ist die Kunst.

Richard Wagner

Dresdner Zwinger, Innenhof, 1710–1719
Matthäus Daniel Pöppelmann
Dresden/Deutschland

14. APRIL

Zeige mir, wie du baust,
und ich sage dir, wer du bist.

Christian Morgenstern

Einsteinturm, 1919–1922
Erich Mendelssohn
Potsdam/Deutschland

15. APRIL

Selbst triviale Einfälle erhalten durch Rhythmus (…) einen Anstrich von Bedeutsamkeit, figurieren in diesem Schmuck, wie unter den Mädchen Alltagsgesichter durch den Putz die Augen fesseln.

Arthur Schopenhauer

Park Maria Luisa, Plaza España, 1924–1928
Aníbal González
Sevilla/Spanien

16. APRIL

Durch das Einfache geht
der Eingang zur Wahrheit.

Georg Christoph Lichtenberg

Villa Savoye, Blick auf Innenhof, 1929–1931
Le Corbusier
Poissy/Frankreich

17. APRIL

Und so war die Kunst der französischen Schule, die Ende des XII. Jahrhunderts entstand, inmitten der noch ungefestigten mittelalterlichen Gesellschaft und im Durcheinander alter Ideen und neuer Sehnsüchte wie ein Fanfarenstoß im Stimmgewirr einer großen Menge.

Eugène-Emmanuel Viollet-le-Duc

Kathedrale Notre-Dame in Laon, Vierung, 1170–1235
Laon/Frankreich

18. APRIL

Der größte Reichtum
ist die Selbstgenügsamkeit.

Epikur

Alte Börse in Lille, Fensterfront Detail, 1653
Julien Destrée
Lille/Frankreich

19. APRIL

Die Schönheit eines Gebäudes basiert auf seiner Logik und Effizienz, nicht auf Dekor und Zeitgeist.

Hadi Teherani

Dockland in Hamburg, 2003–2006
Bothe Richter Teherani
Hamburg/Deutschland

20. APRIL

Eine Idee, die entwickelt und in eine Handlung umgesetzt wird, ist mehr wert als eine Idee, die lediglich als Idee existiert.

Buddha

Lumbini International Research Institution (LIRI), 1978
Kenzo Tange
Lumbini/Nepal

21. APRIL

Was ewig ist, ist kreisförmig,
und was kreisförmig ist, ist ewig.

Aristoteles

Römisches Theater, 2. Jahrhundert
Bosra/Syrien

22. APRIL

Der Architekt schafft ein
autonomes Kunstwerk –
für Kunstwerke und Menschen.

Hans Hollein

Museum Abteiberg, Fassadendetail, 1972–1982
Hans Hollein
Mönchengladbach/Deutschland

23. APRIL

Rhythmus allein kann schon
als Musik erscheinen.

Theodor Billroth

Casa Amatller, Dachgiebel, 1898–1900
Josep Puig i Cadafalch
Barcelona/Spanien

24. APRIL

Kunst ist Harmonie. Harmonie wiederum ist Einheit von Kontrasten und Einheit von Ähnlichem, im Ton, in der Farbe, in der Linie.

Georges-Pierre Seurat

Kirche St. Saveur, 15. Jahrhundert
Saorge/Frankreich

25. APRIL

Bei der Architektur geht es nicht nur um die Domestizierung des Raumes, sondern sie ist auch eine tiefgreifende Verteidigung gegen den Terror der Zeit.

Karsten Harris

Banca Popolare Etica, Detail, 2007
Studio Tamassociati
Padua/Italien

26. APRIL

Freude kann nur aus dem Inneren stammen; wer sie von außen erklärt, wird sie niemals begreifen.

Po Chü-i

Kathedrale von Syrakus, Tympanon des Westportals, 1728
Andrea Palma et al.
Syrakus/Italien

27. APRIL

Man kann in wahrer Freiheit leben
und doch nicht ungebunden sein.

Johann Wolfgang von Goethe

Benediktiner-Abtei Neresheim, Deckengewölbe, 1747–1792
Balthasar Neumann
Neresheim/Deutschland

28. APRIL

Und wie man in der Stadt das Forum und die Plätze, so wird man im Haus das Atrium, den Saal und Räume dieser Art haben, die nicht an abgelegener, verborgener und enger Stelle liegen, sondern vollkommen zugänglich sein müssen, dass sie auf die übrigen Räumlichkeiten ungehindert münden können.

Leon Battista Alberti

Alhambra, Löwenhof, zweite Hälfte 14. Jahrhundert
Granada/Spanien

29. APRIL

Nicht von dieser Welt
sind diese Formen.

Friedrich von Schiller

DZ Bank Pariser Platz, Atrium, 2001
Frank O. Gehry
Berlin/Deutschland

30. APRIL

Unmöglich ist's,
drum eben glaubenswert.

Johann Wolfgang von Goethe

Dom Santa Maria del Fiore, 1296–1436
Florenz/Italien

1. MAI

Doch das Evangelium des Weglassens wird niemals genug gepredigt. Und ganz gleich, wie oft man es predigt, die Einfachheit ist ein geistiges Ideal, das selten organisch erreicht wird.

Frank Lloyd Wright

Solomon R. Guggenheim Museum New York, Blick in die Kuppel, 1956–1959
Frank Lloyd Wright
New York/U.S.A.

2. MAI

Glücklich, wer einen Gott,
ein Ideal der Schönheit in sich trägt
und ihm folgt.

Louis Pasteur

Notre-Dame de Paris, Westrosette, 1163–1345
Paris/Frankreich

3. MAI

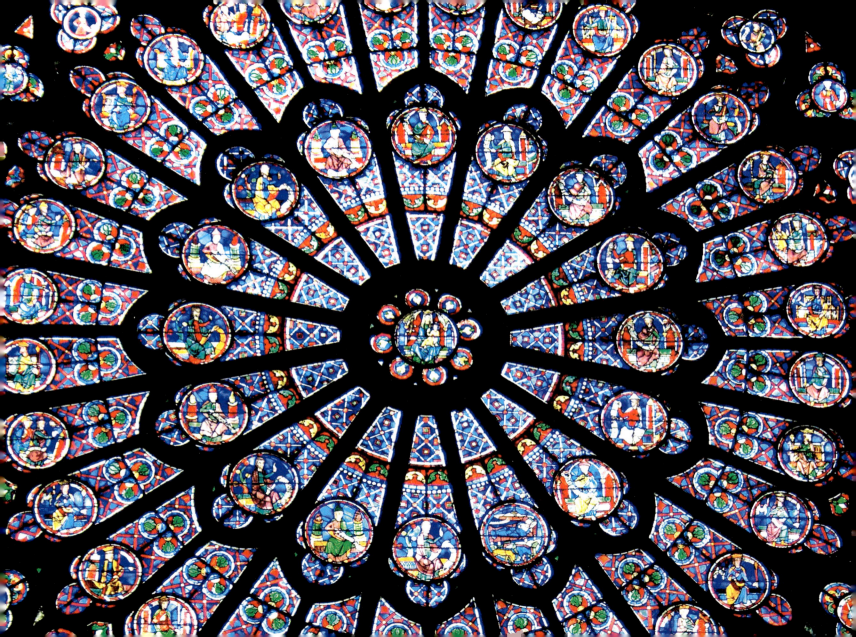

In jedem Fall halte man sich aber von toten und stehenden Gewässern fern, da von Ihnen schlechte Dünste ausgehen, was wir mit Sicherheit vermeiden können, wenn wir an hochgelegenen und heiteren Stellen bauen, also dort, wo die Luft durch das unausgesetzte Wehen der Winde bewegt wird.

Andrea Palladio

Château Azay-le-Rideau, 1518–1527
Azay-le-Rideau/Frankreich

4. MAI

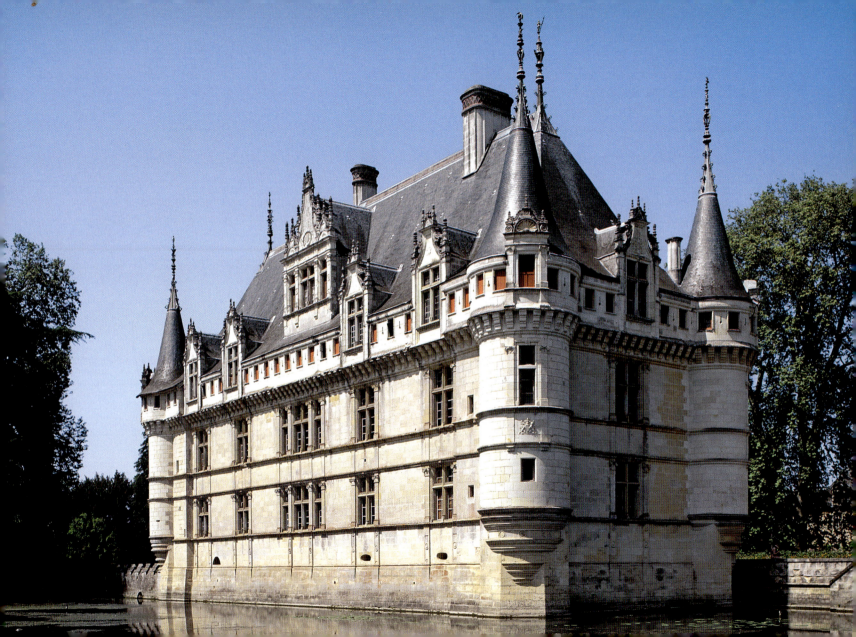

Wenn du Schlösser in die Luft gebaut hast, so braucht deine Arbeit nicht umsonst zu sein, da gehören sie nämlich hin. Jetzt gehe daran die Fundamente unter sie zu bauen.

Henry David Thoreau

Paris:Sete-Shop in Lissabon, Detail, 1996
Lissabon/Portugal

5. MAI

1. Fehler: Er besteht darin, die Säule, anstatt sie freizustellen, mit einer Wand zu verbinden. Es steht fest, dass die Säule unendlich viel von ihrer Anmut verliert, wenn auch nur das kleinste Hindernis sie verstellt, ihren Umriss verwischt.

Marc-Antoine Laugier

Monticello, um 1770
Thomas Jefferson
Charlottesville/U.S.A.

6. MAI

Nichts ist riskanter,
als modern zu sein.

Oscar Wilde

Bauhausgebäude, 1925–1926
Walter Gropius
Dessau/Deutschland

7. MAI

Ein Kloster soll, wenn möglich,
so angelegt werden, dass sich alles
Notwendige, nämlich Wasser, Mühle
und Garten, innerhalb des Klosters
befindet und die verschiedenen
Arten des Handwerks dort ausgeübt
werden können.

Benedikt von Nursia

Zisterzienserkloster Fontenay, Kreuzgang, 1118–1147
Montbard/Frankreich

8. MAI

Fliehet aus dem Umkreis Babylons,
flieht und rettet eure Seelen.

Bernhard von Clairveaux

Ischtar-Tor des Nebukadnezar-Palastes, 575 v. Chr.
Babylon/Irak

9. MAI

Schönheit ist nicht der Ausgangspunkt,
sondern das Ziel.

August Rodin

Opéra Garnier, 1860–1875
Charles Garnier
Paris/Frankreich

10. MAI

Ein Ding anzuschauen ist etwas
ganz anderes, als es zu sehen.

Oscar Wilde

Glass House, 1947–1949
Philip Johnson
New Canaan/U.S.A.

11. MAI

Der Februar baut manche Brück',
der März bricht ihnen das Genick.

Bauernregel

Pont du Gard, Mitte 1. Jahrhundert
Remoulins/Frankreich

12. MAI

Ich musste erst mühsam lernen, meiner Intuition, meinem inneren Kind zu vertrauen. Ein guter alter Freund von mir, der als Psychologe arbeitet, hat mich ermutigt, mehr auf mein Inneres zu hören und die Architektur nicht als Ordnungsmacht zu begreifen.

Frank O. Gehry

Frank O. Gehry-Haus in Düsseldorf, 1997–1999
Frank O. Gehry
Düsseldorf/Deutschland

13. MAI

Das Leben hat ein Ende,
die Kunst hat keine Grenze.

Zeami Motokiyo

Alhambra, Mexuar-Palast, Fassadendetail, 2. Hälfte 14. Jahrhundert
Granada/Spanien

14. MAI

Wen der Himmel schützen will,
den schützt er durch die Liebe.

Lao-Tse

Die Große Mauer bei Mutianyu, 6. Jahrhundert
Mutianyu/China

15. MAI

Wo keine Vision ist,
gehen die Leute zugrunde.

Sprüche 29,18

Smolnyi Kloster, Auferstehungskathedrale, 1749
Bartolomeo Rastrelli
St. Petersburg/Russland

16. MAI

Eine Würze des Geschmacks zwar ist die Verschiedenheit, wenn sie durch wechselseitige Gleichförmigkeit der auseinanderliegenden Dinge untereinander eine sichere Grundlage hat; wenn aber infolgedessen alles einander in aufgelöster und unvereinbarer Ungleichheit widerspricht, so wird sie vollkommen sinnlos sein.

Leon Battista Alberti

Kathedrale Notre-Dame in Rouen, Detail Westfassade, 1202–1880
Rouen/Frankreich

17. MAI

Ein Grundriss wirkt
von dem Innen auf das Außen.

Le Corbusier

Corbusier-Haus Flatowallee 16, 1956–1958
Le Corbusier
Berlin/Deutschland

18. MAI

Die Kirch' ist's, die heilige, die hohe,
Die zu dem Himmel uns die Leiter baut.

Friedrich von Schiller

Kirchturm von St. Joseph, 1951–1957
Auguste Perret
Le Havre/Frankreich

19. MAI

Ich würde hinzufügen, dass Architektur aus Konstanten und Variablen besteht. Die Konstanten beinhalten Fragen, die sich mit Raum, Bewegung im Raum, Aktivitäten im Raum etc. befassen. Diese Konstanten haben sich jahrhundertelang nicht geändert. Aber dann gibt es diese Variablen, sie differieren in ihrer Ausprägung. Manche betonen Technik, andere betonen eher Ideen.

Bernard Tschumi

Cité de la Musique, 1986
Bernard Tschumi
Paris/Frankreich

20. MAI

Alles, was nicht bis ins kleinste
Detail perfekt ist, wird vergehen.

Gustav Mahler

Kathedrale Saint-Étienne de Toul, Detail, 13.–15. Jahrhundert
Toul/Frankreich

21. MAI

Enthalten diese Konstruktionen nicht auch eine Idee? Und ist diese Idee für uns, die wir ihre Kinder sind, ein so unerforschliches Geheimnis?

Eugène-Emmanuel Viollet-le-Duc

Olympiastadion in Montreal, 1973–1976
Roger Taillibert
Montreal/Canada

22. MAI

Weltgeheimnis ist die Schönheit.

Karl August von Platen

Dilwara Tempel, 11.–13. Jahrhundert
Mount Abu/Indien

23. MAI

Roppongi wird der Nährboden für
ein kreatives Japan auf höherer Ebene
sein – ein neues ›cooles‹ Japan
könnte hier aus Roppongi, Akasaka,
Ginza und Aoyama entstehen.

Kishō Kurokawa

National Tokio Art Center Roppongi, 2000–2006
Kishō Kurokawa
Tokio/Japan

24. MAI

Originalität besteht darin,
zum Ursprung zurückzukehren.

Antonio Gaudí

Casa Batlló, Schornsteine, 1904–1906
Antonio Gaudí
Barcelona/Spanien

25. MAI

Alle Architektur bezweckt eine
Einwirkung auf den Geist,
nicht nur einen Schutz für den Körper.

John Ruskin

Notre-Dame de la Garde, Deckenmosaike, 1853–1864
Henri-Jacques Espérandieu
Marseille, Frankreich

26. MAI

Kein Mensch, der nicht auch ein
großer Bildhauer oder Maler ist,
kann auch ein Architekt sein.
Ist er weder Bildhauer noch Maler,
kann er lediglich ein Baumeister sein.

John Ruskin

Britische Botschaft Berlin, 1998–2000
Michael Wilford & Partners
Berlin/Deutschland

27. MAI

Keine Kunst ist der Mystik verwandter
als die Architektur.

Alexander Herzen

Dai Miao-Tempelkomplex bei Tai'an, Detail, um 1000 n. Chr.
Tai'an/China

28. MAI

Vergänglich sind Triumphe
und Gepränge
Und nichts besteht, das nicht
die Zeit verschlänge.

Petrarca

Haus der antiken Jagd in Pompeji, Mosaik, 1. Jh. n. Chr.
Pompeji/Italien

29. MAI

Ein Ding kann nur schön sein, wenn es wahr ist. Wahrheit ist an sich nichts anderes als vollständige Harmonie, und Harmonie ist letzten Endes nur ein Bündel nützlicher Dinge.

August Rodin

Eiffelturm, Detail, 1887–1889
Gustave Eiffel
Frankreich/Paris

30. MAI

Doch viel mehr als von den Bildhauern habe ich von den Malern gelernt. Ich begeistere mich sehr für das Malerische, für weiche, tiefgründige Oberflächen.

Frank O. Gehry

Walt Disney Concert Hall, Fassadendetail, 2003
Frank O. Gehry
Los Angeles/U. S. A.

31. MAI

Sankt Peter in Rom: Michelangelo schuf eine Riesenkuppel, die alles übertraf, was sich dem Auge bis dahin geboten hatte. Hatte man die Säulenhalle durchschritten, so stand man unter dieser gewaltigen Kuppel. Die Päpste setzten jedoch drei Säulenordnungen und eine große Vorhalle vor das Ganze. Der schöpferische Gedanke war damit zerstört.

Le Corbusier

Petersdom, Kuppel, 1547
Michelangelo Buonarroti
Rom/Italien

1. JUNI

Der humanistische Anspruch auf Ehrlichkeit ist praktisch tot: Innere und äußere Architekturen entwickeln sich zu separaten Projekten; das eine widmet sich der Instabilität programmatischer und ikonografischer Bedürfnisse, das andere – Urheber von Desinformation – offeriert der Stadt die vermeintliche Stabilität eines unbelebten Objekts.

Rem Koolhaas

Casa da Música in Porto, 2005
Rem Koolhaas
Porto/Potugal

2. JUNI

Die Reihung ist ein Gliedern der einfachen und deshalb noch ästhetisch indifferenten Bandform und wohl das ursprünglichste Kunstprodukt, die erste tatsächliche Kundgebung des Schönheitssinns, der bestrebt ist, den Ausdruck der Einheit durch Vielheit zu bewerkstelligen …

Gottfried Semper

Westminster-Palast, 1834–1860
Charles Barry und Augustus Pugin
London/England

3. JUNI

Wenn ich eine neue Bauaufgabe habe, einen neuen Ort, dann gehe ich hin, sehe mich um und beginne im Kopf mögliche Anatomien mit möglichen Materialien einzusetzen. Und ich schaue, welche Energien da zu fließen beginnen.

Peter Zumthor

Thermalbad in Vals, 1996
Peter Zumthor
Vals/Schweiz

4. JUNI

Körperliche Formen können charakteristisch sein nur dadurch, dass wir selbst einen Körper besitzen. Wären wir bloß optisch auffassende Wesen, so müsste uns eine ästhetische Beurteilung der Körperwelt stets versagt bleiben.

Heinrich Wölfflin

Kirche Santa Prisca in Taxco, 1751–1758
Taxco/Mexiko

5. JUNI

Wenn man nun die Villa an einem Fluss errichten kann, ist dies eine sehr schöne und angenehme Sache.

Andrea Palladio

Château de Chenonceau, 1515–1522
Chenonceau/Frankreich

6. JUNI

Wie die Lotusblüte im Wasser geboren ist, im Wasser wächst und sich unbefleckt aus dem Wasser erhebt, um über ihm zu stehen, so lebe ich, in der Welt geboren, in der Welt groß geworden und die Welt überwunden habend, unbefleckt von ihr.

Buddha

Lotus-Tempel, 1986
Fariborz Sahba
Neu Delhi/Indien

7. JUNI

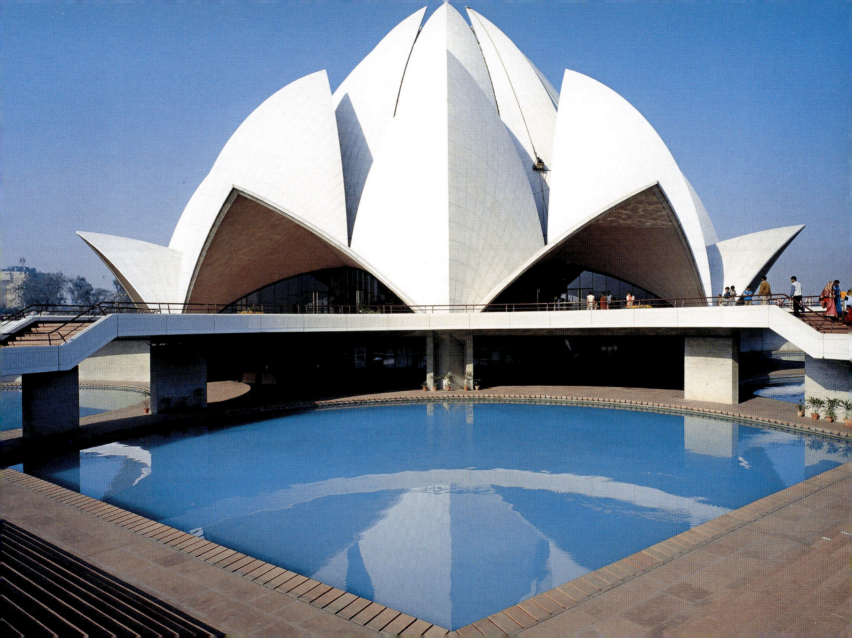

Die Zahlen aber, welche bewirken, dass jenes Ebenmaß der Stimmen erreicht wird, das den Ohren so angenehm ist, sind dieselben, welche es zustande bringen, dass unsere Augen und unser Inneres mit wunderbarem Wohlgefühle erfüllt werden.

Leon Battista Alberti

Dom Santa Maria del Fiore, West- und Südfassade, 1296–1436
Florenz/Italien

8. JUNI

Ein gebrauchsfähiges Nützliches,
Zweckmäßiges schön zu machen,
ist Aufgabe der Architektur …

Karl Friedrich Schinkel

Schloss Neuhardenberg, ab 1786
Karl Friedrich Schinkel
Neuhardenberg/Deutschland

9. JUNI

Der Fortschritt ist wie ein Strom,
der sich auf seine eigene Weise
den Weg bahnt.

Leopold von Ranke

Jin Mao Tower, 1994–1998
Skidmore, Owings & Merrill LLP
Shanghai/China

10. JUNI

Ich bin nie gelangweilt von Kirchen.
Sie sind meine Lieblingsgebirgslandschaft.
Die Menschheit war nie so froh inspiriert,
wie als sie die Kathedralen erschuf.

Robert Louis Stevenson

Dom Santa Maria Assunta, Fassade, 1215–1263
Siena/Italien

11. JUNI

Die Freiheit oder die Stärke des Geistes
ist die Tugend der Einzelnen …

Spinoza

New Yorker Skyline mit Rendering des Freedom Towers, Baubeginn 2004
Daniel Libeskind
New York/U. S. A.

12. JUNI

Man kann sich in allen Lebenslagen so oder so entscheiden, gefährlichen Dingen ausweichen oder ihnen mit verdoppelter Kraft widerstehen.

Germaine de Staël

Burghley House, 1556–1587
William Cecil (Lord Burghley)
Stamford/England

13. JUNI

Im Jetzigen muss das Künftige
verborgen liegen.

Georg Christoph Lichtenberg

Entwurf zum Freedom Tower (Nachfolger des World Trade Centers), 2003
Skidmore Owings & Merill LLP
New York/U. S. A.

14. JUNI

Die Erde ist nur einer der um die
Sonne kreisenden Planeten.

Nikolaus Kopernikus

Sonnentempel in Konarak mit einem der Räder des Sonnenstreitwagens,
Mitte 13. Jahrhundert
Konarak/Indien

15. JUNI

Das Wesen der Menschlichkeit entfaltet sich nur in der Ruhe.

Johann Heinrich Pestalozzi

Glass House, 1947–1949
Philip Johnson
New Canaan/U. S. A.

16. JUNI

Letzten Endes ist das Problem einer
Idee nicht nur, sie zu haben, sondern
ihre Klarheit zum Ausdruck zu bringen.

Santiago Calatrava

Villa La Rotonda, ab 1566
Andrea Palladio
Vicenza/Italien

17. JUNI

Ich bin stolz darauf, Architekt zu sein,
doch ebenso darauf, Ingenieur zu sein.

Santiago Calatrava

Auditorium in Santa Cruz de Tenerife, Saal, 1989–2003
Santiago Calatrava
Teneriffa/Spanien

18. JUNI

Die Natur lehrt mehr, als dass sie predigt. In Steinen gibt es keine Predigten. Es ist leichter, einen Funken aus einem Stein als aus einer Moral zu bekommen.

John Burroughs

Casa Malaparte, 1938–1943
Adalberto Libera
Capri/Italien

19. JUNI

Hast du die Macht,
du hast das Recht auf Erden.

Adelbert von Chamisso

Kapitol, Washington, 1792–1909
Washington/U.S.A.

20. JUNI

Die größte Offenbarung ist die Stille.

Lao-Tse

Kongressgebäude Brasilia, 1956
Oscar Niemeyer
Brasilia/Brasilien

21. JUNI

Die romantische Idee vom Fliegen, die lässt mich nicht los. Das Flugzeug, dieser Körper im Raum, scheinbar schwerelos, unabhängig von allem, ganz und gar sein eigenes System, mit eigenem Wasser, sogar mit eigener Luft, das fasziniert mich.

Norman Foster

Kuppel des Reichstages Berlin, 1994–1999
Norman Foster
Berlin/Deutschland

22. JUNI

Die Geschichte der Baukunst ist eine Geschichte des Raumgefühls und damit bewusst oder unbewusst ein grundlegender Bestandteil in der Geschichte der Weltanschauungen.

August Schmarsow

Lincoln Memorial Washington, 1915
Henry Bacon
Washington/U.S.A.

23. JUNI

Was soll in den Kreuzgängen diese Galerie lächerlicher Ungeheuer vor den Augen der betenden Brüder, diese verblüffende missgestaltete Schönheit und schöne Missgestalt?

Bernhard von Clairvaux

Sainte-Marie de Serrabona, ab 1082
Boule-d'Amont/Frankreich

24. JUNI

Wir wollen nicht das Rationale,
sondern das Ideologische
der Moderne relativieren.

Jacques Herzog

Allianz-Arena, 2002–2005
Herzog & de Meuron
München/Deutschland

25. JUNI

In jederlei Kunstwerk bildet die augenscheinliche oder verborgene Symmetrie den sichtbaren oder geheimen Grund des Vergnügens, das wir empfinden.

Joseph Joubert

Oper, im Vordergrund der Innenhof des Rathauses von Lyon, 1993
Jean Nouvel
Lyon/Frakreich

26. JUNI

Das Schöne ist wesentlich das Geistige, das sich sinnlich äußert, sich im sinnlichen Sein darstellt.

Friedrich Hegel

Schloss Versailles, Königliche Kapelle, ab 1689–1708
Jules Hardouin-Mansart
Versailles/Frankreich

27. JUNI

Der Würfel ist gefallen.

Gaius Julius Caesar

Museum der Islamischen Künste Katar, 2008
Ieoh Ming Pei
Doha/Katar

28. JUNI

Das allgemeine vorzügliche Kennzeichen der griechischen Meisterstücke ist endlich eine edle Einfalt und eine stille Größe in Stellung und Ausdruck.

Johann Joachim Winckelmann

Erechteion, Akropolis, 420–406 v. Chr.
Philokles, Archilochos
Athen/Griechenland

29. JUNI

Der Architekt der Moderne glaubte an eine Mission, an eine bessere Stadt für einen besseren Menschen, für eine bessere Zukunft. Heute ist es schon ein Erfolg, wenn er etwas anreizen und verbinden und ein paar Energieströme umleiten kann.

Jacques Herzog

Tate Gallery of Modern Art, 1947–63/2000
Giles Gilbert Scott, Herzog & de Meuron
London/England

30. JUNI

In solcher Betrachtung durchschaut der Mensch erst, dass weder der, der pflanzt, noch der, der es begießt, etwas ist, sondern der, der das Gedeihen gibt, nämlich Gott.

Augustinus

Hauptkirche St. Charalambos im Kloster Agios Stephanos, 14. Jahrhundert
Meteora/Griechenland

1. JULI

Nichts ist geeigneter, uns den rechten Weg zu weisen, als die Kenntnis der Vergangenheit.

Polybios

Amphitheater Epidaurus, 330 v. Chr.
Archaia Epidauros/Griechenland

2. JULI

Architektur ist eine Art Macht – Beredsamkeit in Formen, bald überredend, selbst schmeichelnd, bald bloß befehlend.

Friedrich Nietzsche

Dogenpalast, Fassadendetail, ab 1340
Venedig/Italien

3. JULI

Alles Göttliche auf Erden
Ist ein Lichtgedanke nur.

Friedrich von Schiller

Kirche Dio Padre Misericordioso, 2003
Richard Meier
Rom/Italien

4. JULI

Gott hat die Kirchen wie Häfen im Meer angelegt, damit ihr euch aus dem Wirbel irdischer Sorgen dahin retten und Ruhe und Stille finden sollt.

Johannes Chrysostomos

Kathedrale Notre-Dame d'Amiens, nördliches Querschiff, nach 1218
Robert de Luzarches
Amiens/Frankreich

5. JULI

Amerika, du hast es besser
Als unser Kontinent, das alte
Hast keine verfallene Schlösser
Und keine Basalte.

Johann Wolfgang von Goethe

Kapitol in Washington, Kuppel, 1793–1863
Washington/U. S. A.

6. JULI

Die höchste Kunst ist selbständig,
denn sie hat mit dem Ursprünglichsten
zu tun.

Karl Friedrich Schinkel

Santa Chiara in Noto, 18. Jahrhundert
Rosario Gagliardi
Noto/Sizilien

7. JULI

Die Zeit kommt aus der Zukunft,
die nicht existiert, in die Gegenwart,
die keine Dauer hat, und geht
in die Vergangenheit, die aufgehört
hat zu bestehen.

Aurelius Augustinus

Fassade in Jaisalmer mit Gadi Sagar-Wasserreservoir im Hintergrund,
1367 (Wasserreservoir)
Jaisalmer/Indien

8. JULI

Architektur ist die Kunst, welche die vom Menschen zu jedwedem Zwecke errichteten Bauwerke so anordnet und schmückt, dass ihr Anblick geeignet ist, zur Kraft, Gesundheit und Freude seiner Seele beizutragen.

John Ruskin

Schloss Versailles, Spiegelsaal, 1678
Versailles/Frankreich

9. JULI

Ohne Optimismus könnte ich gar nicht bauen. Und ich hoffe, dass meine Architektur auch eine Architektur des Optimismus ist. Dass sie etwas Lichtes, etwas Erhebendes ausstrahlt.

Norman Foster

Smithsonian American Art Museum, Kogod-Innenhof, 2007
Norman Foster
Washington/U.S.A.

10. JULI

Kunst ist weiter nichts als hinzugetane
Vollkommenheit der Natur.

Wilhelm Heinse

Villa Savoye, Außenansicht, 1929–1931
Le Corbusier
Poissy/Frankreich

11. JULI

Ihr nehmt mein Haus, wenn ihr
die Stütze nehmt
Worauf mein Haus beruht…

William Shakespeare

Erechteion, Karyatiden, 406 v. Chr.
Philokles, Archilochos
Athen/Griechenland

12. JULI

Ich könnte mir vorstellen, dass ein
Mensch auf die Erde hinabblickt
und behauptet es gebe keinen Gott.
Aber es will mir nicht in den Sinn,
dass einer zum Himmel aufschaut
und Gott leugnet.

Abraham Lincoln

Kirche San Lorenzo, Medicikapelle, Blick in die Kuppel, 1520–1534
Michelangelo Buonarroti
Florenz/Italien

13. JULI

Zum zehnten Mal wiederholt,
wird es gefallen.

Horaz

Wat Arun-Tempel, Detail, 17. Jahrhundert
Bangkok/Thailand

14. JULI

Nichts ist schön, solange nicht alles vernünftig ist.

Étienne-Louis Boullé

Alhambra, Palast Karl V., Säulengang, 1528
Pedro Machuca
Granada/Spanien

15. JULI

Euch euer Glaube, und mir mein Glaube.

Koran 109:6

Felsendom, 7./8. Jahrhundert n. Chr.
Jerusalem/Israel

16. JULI

Viele verschieden gestimmte Saiten
ergeben erst Harmonie.

Joseph von Eichendorff

Olympiastadion München, Dachkonstruktion, 1968–1972
Günther Behnisch
München/Deutschland

17. JULI

Der Schmuck der Öffnungen verleiht Gebäuden ungemein viel Reiz und Ansehen, doch bieten sie große und zahlreiche Schwierigkeiten, die nur durch Achtsamkeit des Künstlers und besondere Auslagen vermieden werden können.

Leon Battista Alberti

Ruine eines gotischen venezianischen Palastes auf der Insel Hvar, 13. Jahrhundert
Insel Hvar/Kroatien

18. JULI

Es gibt unzählige Welten, teils ähnlich
der unseren, teils unähnlich.

Epikur

Neue Staatsgalerie Stuttgart, 1979–1984
James Stirling
Stuttgart/Deutschland

19. JULI

Der König ist das lebendige Gesetz.

Marc Aurel

Kathedrale Notre-Dame de Paris, Westfassade, 1163–1345
Paris/Frankreich

20. JULI

Ein Park muss wie eine Gemälde-
galerie sein, alle paar Schritte
soll man ein neues Bild sehen.

Hermann Fürst von Pückler-Muskau

Villa Garzoni, Garten, seit 1652
Collodi/Italien

21. JULI

Müßiggang ist der Feind der Seele.
Deshalb sollen sich die Brüder
zu bestimmten Zeiten mit Handarbeit,
zu bestimmten Zeiten mit heiliger
Lesung beschäftigen.

Die Regel des heiligen Benedikt

Zisterzienserkloster Le Thoronet, 1160–1180
Le Thoronet/Frankreich

22. JULI

Die Fantasie ward auserkoren,
Zu öffnen uns die reiche Wunderwelt.

Christoph August Tiedge

Mezquita, Deckendetail, 600–987
Córdoba/Spanien

23. JULI

Bei der Architektur geht es um Illusion
und Symbolismus, Semantik und
um die Kunst, Geschichten zu erzählen.

Renzo Piano

Auditorium Parco della Musica, 1994–2002
Renzo Piano
Rom/Italien

24. JULI

Die Errichtung des Kreuzganges
wurde der Halle von Salomos Tempel
nachempfunden. Dort lebten alle
Apostel gemeinsam und eines Sinnes.

Honorius III.

Kirche San Giovanni in Laterano, 14. Jahrhundert
Rom/Italien

25. JULI

Fortschritt ist die Verwirklichung von Utopien.

Oscar Wilde

Atomium, 1958
André Waterkeyn
Brüssel/Belgien

26. JULI

Der Mensch hat in seiner Natur einen gewissen Trieb zur Vollendung …

Friedrich Engels

Tempel der Isis auf der Insel Agilika, östliche Kolonnade, 380–145 v. Chr.
Agilika/Ägypten

27. JULI

…Man muss sich von den Perfektionisten fernhalten, weil Perfektion nicht möglich ist. Es kommt der Moment, an dem man auf den Boden zurückkommen und bauen, konstruieren muss.

Renzo Piano

Centre Culturel Tjibaou, 1991–98
Renzo Piano
Noumea/Kaledonien

28. JULI

Architektur zielt auf die Ewigkeit.

Christopher Wren

Saint Paul's Cathedral, Fassade, 1677–1708
Christopher Wren
London/England

29. JULI

Da stehen sie noch, ›die fossilen Gehäuse ausgestorbener Gesellschaftsorganismen‹, wie man die Monumente der Vergangenheit bezeichnend genannt hat. Aber wir Menschen des neunzehnten Jahrhunderts haben bei all unserer historischen Bildung Mühe, den Wert dessen zu ermessen, den solche Raumgestaltung für den Menschen von damals haben musste, der sie schuf und drinnen lebte.

August Schmarsow

Ruinen der Stadt Palmyra, 1.–2. Jahrhundert n. Chr.
Palmyra/Syrien

30. JULI

Bisher wurde Struktur als eine Oberfläche angesehen. Aber in der Natur sind Strukturen, die einen Raum füllen, die Regel, wie bei Kristallen beispielsweise, die zusammen die Form eines Steines ergeben. Dies ist die Idee für den Entwurf der Struktur des Water Cube.

Tristram Carfrae

Nationales Schwimmzentrum (»Water Cube«) in Peking, 2003–2007
PTW, Arup
Peking/China

31. JULI

Es gibt nur zwei starke Überwinder der
Vergesslichkeit der Menschen:
die Dichtkunst und die Baukunst,
und die letztere umschließt in gewisser
Hinsicht die erste und ist noch
mächtiger in ihrer Wirklichkeit.

John Ruskin

Pantheon, Innenansicht der Kuppel, 110 n. Chr.
Rom/Italien

1. AUGUST

Die Baukunst ist gefrorene Musik.

Friedrich von Schlegel

Opernhaus Sydney, 1959–1973
Jørn Oberg Utzon
Sydney/Australien

2. AUGUST

Die Zeit geht hin, und der Mensch gewahrt es nicht.

Dante Alighieri

Tower of London, 11. bis 14. Jahrhundert
London/England

3. AUGUST

Das ist der Weg, den alle gehen
müssen: über die Seufzerbrücke hinein
in die Ewigkeit.

Sören Kierkegaard

Seufzerbrücke, 1600–1603
Antonio Contin
Venedig/Italien

4. AUGUST

Nur wer sich frei über dem Bedürfnis
bewegt wird sich schön zeigen,
wenn er nur in dieser Freiheit
das Charakteristische gibt, wodurch
der Gegenstand individuell wird.

Karl Friedrich Schinkel

Alte Residenz in München, Ballsaal, 1825–1842
Leo von Klenze
München/Deutschland

5. AUGUST

Es gibt Architekten, die ihre Gebäude spirituell aufladen und den einzelnen Besuchern quasi religiöse Gefühle bescheren. Mir ging es immer stärker um das Gemeinschaftliche.

Ieoh Ming Pei

Louvre-Pyramide, Innenansicht, 1985–1989
Ieoh Ming Pei
Paris/Frankreich

6. AUGUST

Manche witzige Einfälle sind wie das überraschende Wiedersehen zweier befreundeter Gedanken nach einer langen Trennung.

Friedrich Schlegel

Chrysler Building, Ornamente an der Fassade, 1928–1930
William van Alen
New York/U.S.A.

7. AUGUST

Wer den Bogen übespannt,
sprengt ihn.

Plutarch

La Grande Arche, 1984–1989
Johann Otto von Spreckelsen und Paul Andreu
Paris/Frankreich

8. AUGUST

Die Wahrheit, und sei sie hunderte
von Jahren alt, hat mit uns mehr
Zusammenhang als die Lüge,
die neben uns schreitet.

Adolf Loos

Medina Azahara, Baudetail, 936–976
Córdoba/Spanien

9. AUGUST

Erst wenn die Form klar ist, wird der Geist klar werden.

Robert Schuhmann

L'Hôtel de Cluny, Giebel, 1485–1490
Paris/Frankreich

10. AUGUST

Alles Leben trägt sein Ideal in sich:
Der innerste Trieb des geistigen Lebens
ist die Bewegung nach der Idee,
nach einer größeren Vortrefflichkeit.

Leopold von Ranke

Altes Museum, Rotunde, 1825–1828
Karl Friedrich Schinkel
Berlin/Deutschland

11. AUGUST

Ein wirkliches Bauwerk ist ein versteinerter Rhythmus, deshalb selten, wie auch selten ein gutes Gedicht.

August von Platen

The Solomon R. Guggenheim Museum, 1956–1959
Frank Lloyd Wright
New York/U.S.A.

12. AUGUST

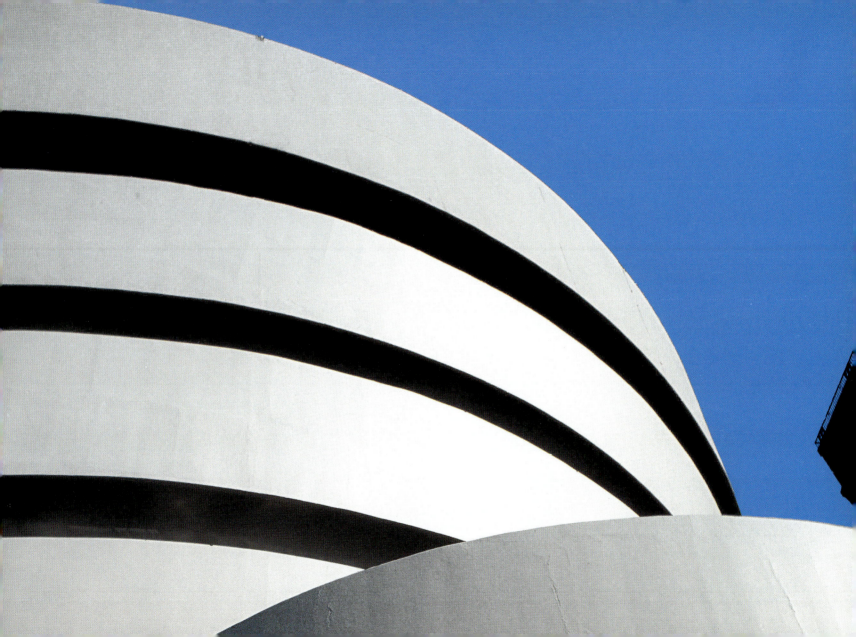

Das Kreuz steht still, während die Welt sich dreht.

Wahlspruch der Karthäuser

Zisterzienserkloster Fontenay, Kreuzgang, 1118–1147
Montbard/Frankreich

13. AUGUST

Es ist das Gesetz des Gleichgewichts, das in dieser Architektur erstmals angewandt, diesen Bauwerken Leben einhaucht, das innerhalb der Konstruktion gegensätzliche Kräfte ausbalanciert.

Eugène-Emanuel Viollet-le-Duc

Deutscher Pavillion zur Weltausstellung, 1929
Ludwig Mies van der Rohe
Barcelona/Spanien

14. AUGUST

Und wahrlich! Preis und Dank gebührt
Der Kunst die diese Welt verziert.

Wilhelm Busch

Medina Azahara, Säulenkapitell, 936–945
Córdoba/Spanien

15. AUGUST

Kein Land wird reich oder mächtig –
vielmehr das Gegenteil – durch
das, was es von außen hinein
bekommt, sondern nur durch
das alles, was es aus sich selber
gebiert und hinaustreibt.

Jean Paul

Kabir Jaame Moschee, 10.–11. Jh.
Yazd/Iran

16. AUGUST

Und so kommt es, dass dasjenige Bauwerk, das wahrscheinlich unser dauerhaftestes Werk ist und das Wissen über uns an die fernsten Nachfahren weitergibt, ein Bauwerk der bloßen Nützlichkeit ist:
kein Schrein, keine Festung, kein Palast, sondern eine Brücke.

Montgomery Schuyler

Golden Jubilee Bridges, 2002
Lifschutz Davidson
London/England

17. AUGUST

Das ewige Schweigen dieser
unendlichen Räume erschreckt mich.

Blaise Pascal

Villa Savoye, Wendeltreppe Innen, 1929–1931
Le Corbusier
Poissy/Frankreich

18. AUGUST

Das Bedürfnis des Schutzes, der Deckung und der Raumschließung war einer der frühesten Antriebe zu industriellem Erfinden.

Gottfried Semper

Notre-Dame de la Garde, Vierungskuppel, 1853–1864
Henri-Jacques Espérandieu
Marseille/Frankreich

19. AUGUST

Ohne Religion ist Ordnung in einem Staate unmöglich.

Napoléon Bonaparte

Tempelanlage Angkor Wat, 12. Jahrhundert
Angkor Wat/Kambodscha

20. AUGUST

Die Schulen sind Werkstätten der Humanität, indem sie ohne Zweifel bewirken, dass die Menschen wirkliche Menschen werden.

Comenius

Ben Youssef Medersa in der Medina von Marrakesch, 14. Jahrhundert
Marrakesch/Marokko

21. AUGUST

Die Formgebung der Tempel beruht auf Symmetrie, an deren Gesetze sich die Architekten peinlichst genau halten müssen. Diese wird aber von der Proportion erzeugt, die die Griechen Analogia nennen.

Vitruv

Maison Carré, 19 v. Chr.
Nîmes/Frankreich

22. AUGUST

Jedes neue Kunstwerk welcher Art es sei
muss eigentlich immer ein neues Element, ein
lebendiges Mehr in der Kunstwelt enthalten,
ohne dies ihm eigentümliche Mehr ist
es unmöglich, dass der Künstler die wahre
und notwendige Spannung dabei haben
kann, und dem Publikum ein Vorteil,
der Welt überhaupt ein Geschenk mit diesem
Kunstwerk erwächst.

Karl Friedrich Schinkel

Mikimoto Building, Fassadendetail, 2005
Toyo Ito
Tokio/Japan

23. AUGUST

Unsere zivilisierte Welt ist eine große Maskerade.

Arthur Schopenhauer

Palast in Xlapac, Detail der mittleren Mosaikmaske, 10. Jahrhundert
Mexiko

24. AUGUST

Die guten alten Zeiten.
Alle Zeiten – wenn alt – sind gut.

Lord Byron

Schloss Blois, Wendelstein am Renaissanceflügel Franz I., 16. Jahrhundert
Blois/Frankreich

25. AUGUST

Bei der Erarbeitung eines Entwurfes entwickelt
Tange Formen, die unsere Herzen erheben,
weil sie aus einer fernen, schwach erinnerten
Vergangenheit zu kommen scheinen und
zugleich atemberaubend zeitgenössisch sind.

Jury The Pritzker Architecture Prize

Museum der asiatischen Kunst Nizza, 1987 ff.
Kenzo Tange
Nizza/Frankreich

26. AUGUST

Darum geduldig in dem Kreis verharren, den uns ein Gott gezogen, gibt uns Stärke…

Ludwig Schefer

Alcazar, Botschaftersaal, Deckenkuppel, 1427
Sevilla/Spanien

27. AUGUST

Ein Kapitell ist kein Schmuck, der den Schaft einer Säule bekrönt, sondern eine auskragende Steinschicht, die die verschiedenen Lastenglieder auffängt, die die Säule tragen soll.

Eugène-Emmanuel Viollet-le-Duc

Fürsten-Palast in Dubrovnik, Säulenkapitelle, 14. Jahrhundert
Dubrovnik / Kroatien

28. AUGUST

Einfachheit ist die höchste Stufe der Vollendung.

Leonardo da Vinci

Museum der römischen Zivilisation, 1937–1940
Rom/Italien

29. AUGUST

Tradition ist die Bewahrung des Feuers,
nicht Anbetung der Asche.

Gustav Mahler

Kirche Sankt Marien in Prenzlau, Ostgiebel, 1289–1340
Prenzlau/Deutschland

30. AUGUST

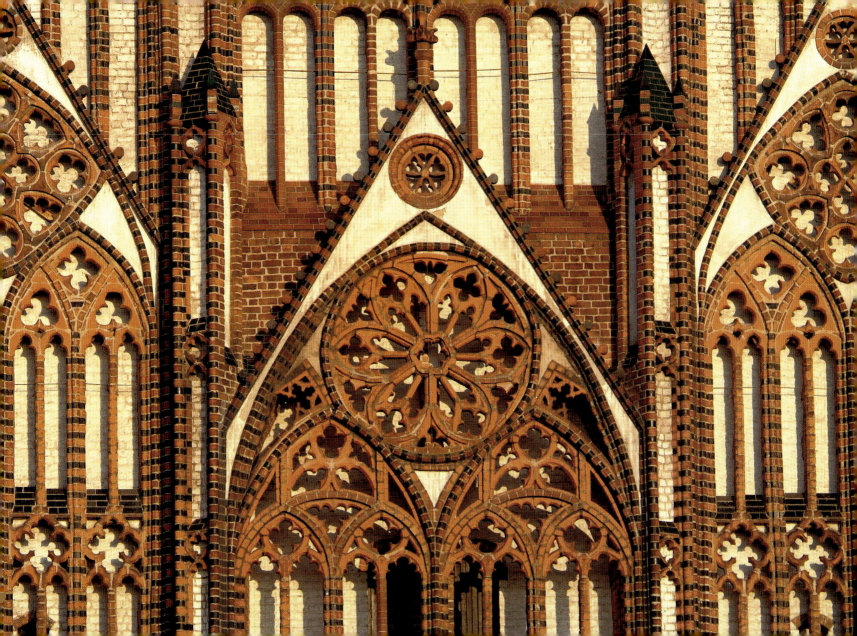

Die Vielfalt gefällt uns, denn sie kommt einem Bedürfnis des Geistes entgegen, der danach strebt, sich zu bereichern und sich Neues zu erschließen, und gerade die Vielfalt ist es, die uns die Dinge in einem neuen Licht erscheinen lässt.

Étienne-Louis Boullé

Groninger Museum, 1990–1994
Alessandro Mendini et al
Groningen/Niederlande

31. AUGUST

Alles beginnt mit der Raumerfahrung.
Aber man muss diesen Raum ja auch
einpacken, man muss ihn fassen.
Also kommt man um die Frage nach
den Oberflächen gar nicht herum.

Frank O. Gehry

IAC-Gebäude, 2004–2007
Frank O. Gehry
New York/U.S.A.

1. SEPTEMBER

Die oberste aller Tugenden ist die Weisheit.

Poseidonios

Nationalmuseum der schönen Künste Valetta, Treppenhaus, Mitte 18. Jahrhundert
Valetta/Malta

2. SEPTEMBER

Altes und Bewährtes werde beibehalten, solange man nichts Neues und zuverlässig Besseres an des Alten Stelle zu setzen hat.

Theodor Gottlieb von Hippel

Kuppel des ungarischen Parlamentsgebäudes, 1885–1904
Imre Steindl
Budapest/Ungarn

3. SEPTEMBER

Größe ist fast immer einsam. Vielleicht könnte man die Einsamkeit als die Vorbedingung für Größe ansehen. Jeder erhabene Geist und jedes hervorragende Wesen liebt es, sich abzuschließen. Der Adler lebt allein. Der Löwe lebt allein.

Iginio Ugo Tarchetti

Moschee Hassan II., 1987–1993
Casablanca/Marokko

4. SEPTEMBER

Neben dem Prinzip des flächig umschlossenen Raumes gibt es ein zweites Grundprinzip, das in den Schöpfungen des Internationalen Stils unter Einschluss der europäischen Funktionalisten deutlich hervortritt. Dieses zweite Prinzip hat mit modularer Regelmäßigkeit zu tun.

Henry-Russell Hitchcock, Philip Johnson

Transamerica Pyramide, 1969–1972
William Pereira
San Francisco/U. S. A.

5. SEPTEMBER

Die Menschen bauen zu viele Mauern
und zu wenig Brücken.

Isaac Newton

Ponte Vecchio in Florenz, 1335–1345
Florenz/Italien

6. SEPTEMBER

Gut bei Allem ist Ordnung.

Homer

Mezquita, 600–987
Córdoba/Spanien

7. SEPTEMBER

Schönheit entspringt der schönen Form und der Entsprechung des Ganzen mit den Einzelteilen, wie der Entsprechung der Teile untereinander und dieser wieder zum Ganzen, so dass das Gebäude wie ein einheitlicher und vollkommener Körper erscheint.

Andrea Palladio

Château de Chambord, 1519–1544
Chambord/Frankreich

8. SEPTEMBER

Mit Bezug auf die nautische
Vergangenheit Dubais basierte unser
Konzept auf einem großen Segel,
dem Segel eines modernen Hightech-
Spinnakers einer J-Klasse-Yacht.

W. S. Atkins & Partners

Hotel Burj el Arab, 1994–1999
W. S. Atkins & Partners
Dubai/Vereinigte Arabische Emirate

9. SEPTEMBER

Nachahmung ist nicht das
eigentümliche Mittel der Baukunst.

Jean-Nicolas-Louis Durand

Königliche Saline in Arc-et-Senans, 1775–1778
Claude Nicolas Ledoux
Arc-et-Senans/Frankreich

10. SEPTEMBER

Da entrückte er mich in der Verzückung auf einen großen, hohen Berg und zeigte mir die heilige Stadt Jerusalem wie sie von Gott her aus dem Himmel herabkam, erfüllt von der Herrlichkeit Gottes.

Offenbarung 21,10–11

Notre-Dame de la Garde, Mosaik des Mittelportales an der Westfassade,
1853–1864
Jacques Henri Espérandieu
Marseille/Frankreich

11. SEPTEMBER

Was ich sah, war ein einiges Lächeln
des Universums.

Dante Alighieri

Äskulaptempel im Garten der Villa Borghese, 1787
Antonio Asprucci
Rom/Italien

12. SEPTEMBER

Man erreicht mehr mit einem freundlichen Blick, mit einem guten Wort der Ermunterung, das Vertrauen einflößt, als mit vielen Vorwürfen.

Johannes Bosco

Punakha Kloster, Innenhof, 1637/38
Punakha/Bhutan

13. SEPTEMBER

Jedes Neue, auch das Glück,
erschreckt.

Kiasma Museum für Moderne Kunst, 1992–1998
Steven Holl
Helsinki/Finnland

Friedrich von Schiller

14. SEPTEMBER

Was nun uns am unmittelbarsten beglückt ist die Heiterkeit des Sinnes: denn diese gute Eigenschaft belohnt augenblicklich sich selbst.

Arthur Schopenhauer

Ben Youssef Medersa in der Medina von Marrakesch, Mosaikdetail,
14. Jahrhundert
Marrakesch/Marokko

15. SEPTEMBER

Jenseits der Gegensatzpaare, aus denen unsere Welt besteht, fangen neue, andere Erkenntnisse an.

Hermann Hesse

L'Hôtel de Cluny, Wasserspeier, 1485–1490
Paris/Frankreich

16. SEPTEMBER

Lasst uns eine Stadt und einen Turm bauen.

1 Mose 11,4

Oriental Pearl Tower, 1992–1995
Jia Huan Cheng
Shanghai/China

17. SEPTEMBER

Der Glaube versetzt Berge.

1. Korinther 13,2

Borobodur-Tempel, 750–850
Java/Indonesien

18. SEPTEMBER

Jede Form ist ein Kerker.

Friedrich Hebbel

Gellért-Bad, 1912–1918
Budapest/Ungarn

19. SEPTEMBER

Daher das Behagen an der
Wellenlinie, die Unlust am Zickzack:
Schönheit der Form ist identisch mit
Angemessenheit für unser Auge.

Heinrich Wölfflin

Maison de la Culture du Havre (»Le Volcan«), 1972–1978
Oscar Niemeyer
Le Havre/Frankreich

20. SEPTEMBER

Adel, Klerus und Bürgerschaft geizten nicht mit ihren Schätzen, als es galt, Kirchen, Paläste, Schlösser, Rathäuser, private und öffentliche Bauten nach den neuen Prinzipien zu errichten…

Eugène-Emmanuel Viollet-le-Duc

Kathedrale St. Pierre, ca. 1080–1150
Poitiers/Frankreich

21. SEPTEMBER

Und viel vermag, wer überraschend wagt.

Emmanuel Geibel

Fischskulptur, Eingang zum Olympiahafen, Detail, 1992
Frank O. Gehry
Barcelona/Spanien

22. SEPTEMBER

Unsichtbare Harmonie ist stärker als sichtbare.

Heraklit

Klosterkirche Madonna delle Grazie, 1390–1549
Certosa di Pavia/Italien

23. SEPTEMBER

Wer hohe Türme bauen will, muss lange beim Fundament verweilen.

Anton Bruckner

Kathedrale St. Nicolas, Dachkuppeln, 1903–1906
Nizza/Frankreich

24. SEPTEMBER

Von einem herrlicheren Kampfspiel als
zu Olympia können wir nicht singen.

Pindar

Olympia, Ionisches Säulenkapitell, 4. Jahrhundert v. Chr.
Olympia/Griechenland

25. SEPTEMBER

Man lebt nur in Paris, anderswo vegetiert man.

Jean-Baptiste-Louis Gresset

Eiffelturm, 1887–1889
Gustave Eiffel
Frankreich/Paris

26. SEPTEMBER

Man soll vor allen Dingen die nackte Wand wieder in all ihrer schlichten Schönheit zeigen und alle Überladenheit aufs Peinlichste vermieden.

Hendrik Petrus Berlage

Belosselskij-Beloserskij-Palast, 1846–1848
Andrei Stackenschneider
St. Petersburg/Russland

27. SEPTEMBER

Jede Schöpfung ist ein Wagnis.

Christian Morgenstern

Hagia Sophia, 532–537
Anthemios von Tralleis
Istanbul/Türkei

28. SEPTEMBER

Es scheint unglaublich, dass allein schon die Größe eines Gebäudes ein ideologisches Programm konstituiert, unabhängig von der Absicht seiner Architekten.

Rem Koolhaas

Seagram Building, 1957
Philip Johnson
New York/U. S. A.

29. SEPTEMBER

Schmuckformen der Architektur sollen aus der Konstruktion hervorgehen, das heißt sie sollen aus der Bearbeitungsweise des Materials, aus der gebräuchlichen Form der unbearbeiteten Materialstücke und aus der Art ihrer Zusammenfügung als deren natürliche Folge abgeleitet werden.

Adolf Göllner

Hradschin, Vladislav-Saal, 1490–1502
Prag/Tschechien

30. SEPTEMBER

Ich denke, Architekten und Designer gestalten interessante Objekte, wenn die Auftraggeber interessant sind.

Pierluigi Cerri

Museum der Arnaldo Pomodoro-Stiftung, Innenansicht, 2005
Pierluigi Cerri, Alessandro Colombo
Mailand/Italien

1. OKTOBER

Die Fantasie ward auserkoren,
Zu öffnen uns die reiche Wunderwelt.

Christoph August Tiedge

Palais Idéal, 1879–1912
Ferdinand Cheval
Hauterives/Frankreich

2. OKTOBER

Die Lage des Brandenburger Tores
ist in ihrer Art ohnstreitig die schönste
von der ganzen Welt.

Carl Gotthard Langhans

Brandenburger Tor, 1788–1791
Carl Gotthard Langhans
Berlin/Deutschland

3. OKTOBER

Ich kämpfe gerne gegen
die Schwerkraft.

Renzo Piano

Kirche San Pio da Pietrelcina, 1991–2004
Renzo Piano
San Giovanni Rotondo/Italien

4. OKTOBER

Jene, die hohe Behausungen errichten, scheinen die Verbündeten der Dämonen zu sein, die hoch in den Lüften wohnen.

Petrus Cantor

The Westin New York at Times Square, 2002
Arquitectonica
New York/U. S. A.

5. OKTOBER

Wisst ihr nicht, dass ihr Gottes Tempel seid und der Geist Gottes in euch wohnt?

1 Korinther 3,16-17

Klosterkirche Sainte Foy, Tympanon des Westportals, vor 1130
Aveyron/Frankreich

6. OKTOBER

Alles Vergängliche ist nur ein Gleichnis.

Johann Wolfgang von Goethe

Potala-Palast, ab dem 17. Jahrhundert
Lhasa/Tibet

7. OKTOBER

In Urzeiten kamen üblicherweise
die Menschen wie die wilden Tiere
in Wäldern, Höhlen und Hainen
zur Welt und sie fristeten ihr Leben
durch Verzehr roher, wild wachsender
Feldfrüchte.

Vitruv

Hotel on Rivington in New York, 2005
Grzywinski Pons
New York/U. S. A.

8. OKTOBER

Du bist meine Zuflucht, ein fester Turm gegen die Feinde.

Psalm 61,4

Frauenkirche München, 1468–1488
Jörg von Halsbach
München/Deutschland

9. OKTOBER

Bedeutende Innenräume sollen im Äußeren durch bedeutende und reichere Architekturformen ihren Ausdruck finden, und untergeordnete Geschosse oder Einzelräume durch zurückhaltenden Schmuck sich unterscheiden.

Adolf Göller

Alte Börse in Lille, Fensterfront, 1653
Julien Destrée
Lille/Frankreich

10. OKTOBER

Der heilige Augustinus suchte Jesus in den Büchern… der heilige Thomas in der Wissenschaft, der heilige Franziskus in den Geschöpfen; der Anbeter sucht ihn im Tabernakel.

Hl. Peter Julian Eymard

Kathedrale von Puebla, Tabernakel, 1575–1649
Manuel Tolsá
Puebla/Mexiko

11. OKTOBER

Gönne dir einen Augenblick der Ruhe und du begreifst, wie närrisch du herumgehastet bist.

Lao-Tse

Griechisch-orthodoxe Kirche
Oia/Santorin/Griechenland

12. OKTOBER

Nicht gedenke man Heiligkeit zu gründen auf ein Tun; man soll Heiligkeit gründen auf ein Sein.

Meister Eckhart

Kathedrale Notre-Dame de Reims, Westportal, 1212–1300
Reims/Frankreich

13. OKTOBER

Ieoh Ming Pei hat dem Jahrhundert
einige seiner schönsten Innenräume
und äußeren Formen gegeben.
Doch das Besondere seiner Werke
geht weit darüber hinaus. Sein Denken
bezog immer auch die Umgebung,
in der seine Gebäude sich erhoben,
mit ein.

Jury The Pritzker Architecture Prize

Bank of China, 1987–1989
Ieoh Ming Pei & Partners
Hongkong/China

14. OKTOBER

Je mehr wir die einzelnen Dinge erkennen, desto mehr erkennen wir Gott.

Spinoza

Tempelanlage Angkor Wat, Reliefs, 12. Jahrhundert
Angkor Wat/Kambodscha

15. OKTOBER

Zivilisation ist das unausweichliche
Schicksal einer Kultur…

Oswald Spengler

Behausung der Tellem in den Bandiagara Klippen, 11.–14. Jahrhundert
Bandiagara/Mali

16. OKTOBER

Was aber die Schönheit sei, das weiß ich nicht.

Albrecht Dürer

Luxushotel Marques de Riscal, 2003–2006
Frank O. Gehry
Elciego/Spanien

17. OKTOBER

Die Gegenwart ist im Verhältnis zur Vergangenheit Zukunft ebenso wie die Gegenwart der Zukunft gegenüber Vergangenheit ist. Darum, wer die Gegenwart kennt, kann auch die Vergangenheit erkennen. Wer die Vergangenheit erkennt, vermag auch die Zukunft zu erkennen.

Lü Buwei

Felsenstadt Petra, 3. Jahrhundert v. Chr. bis 663 n. Chr.
Petra/Jordanien

18. OKTOBER

Das Mögliche, darin übe Dich.

Epiket

World Trade Center, 1966–1973, 2001 zerstört
Minoru Yamasaki
New York/U.S.A.

19. OKTOBER

Christus regiert, Christus überwindet,
Christus triumphiert.

Karl der Große

Kathedrale Sainte-Cécile, Chorschranke, 1282–1482
Albi/Frankreich

20. OKTOBER

Ziel des Entwurfsprozesses ist nicht
eine bestimmte Form, sondern
die möglichst umfassende bauliche
Präzisierung eines spezifischen
Werkzeuges zu dem Zweck der
›Verbesserung des Lebens‹.

Walter Nägeli

Firmengebäude der B | Braun Melsungen AG, 1988
Wilford, Stirling, Nägeli
Pfiffewiesen, Melsungen/Deutschland

21. OKTOBER

Der Stein, den die Bauleute verworfen haben, ist zum Eckstein geworden.

Psalm 118,22

Abtei von Thoronet, Kreuzgang, 1160–1180
Thoronet/Frankreich

22. OKTOBER

Was groß und göttlich ist, besteht.

Friedrich Hölderlin

Hagia Sophia, 532–537
Anthemios von Tralleis
Istanbul/Türkei

23. OKTOBER

Jede große Idee, die als ein Evangelium in die Welt tritt, wird dem stockenden pedantischen Volk ein Ärgernis und einem Viel- und Leichtgebildeten eine Torheit.

Johann Wolfgang von Goethe

Atomium, 1958
André Waterkeyn
Brüssel/Belgien

24. OKTOBER

Welche Freude, welche Beruhigung für den Künstler, sie so schön wiederzufinden! Bei jedem Besuche schöner. Hier gibt es keine unnütze Verwirrung, keine Überspanntheit, keinen Hochmut.

Auguste Rodin

Kathedrale Notre-Dame d'Amiens, nach 1218
Robert de Luzarches
Amiens/Frankreich

25. OKTOBER

Für uns scheint es die einfachste, offensichtlichste und natürliche Nutzung dieses Gebäudes zu sein, es als einen großen Eiffelturm, einen ›Vergnügungspalast‹ zu sehen, der von morgens um 8 bis abends um 22 bei freiem Eintritt geöffnet ist, ein Ort den man zur eigenen Unterhaltung aufsucht.

Renzo Piano, Richard Rogers

Centre Georges Pompidou, 1971–1977
Renzo Piano, Richard Rogers, Gianfranco Franchini
Paris/Frankreich

26. OKTOBER

Wie mich der Vater gesandt hat,
so sende ich euch.

Johannes 20,21

Petersdom, Ostfassade mit Christus und Jüngern, 1607–1614
Carlo Maderno
Rom/Italien

27. OKTOBER

Ich bin immer stärker davon
überzeugt, dass die Architektur auf
dem Boden der Erinnerung arbeitet.

Mario Botta

Teatro alla Scala, 2001–2004
Mario Botta
Mailand/Italien

28. OKTOBER

Wer wäre der Mann, den die herrlichen
Denkmale nicht rührten, die das
Altertum bezeugt und besiegelt hat.

Cicero

Römisches Theater, um 200 n. Chr.
Sabrata/Libyen

29. OKTOBER

Warum rührt uns das Schöne?
Es schmerzt uns seine Einsamkeit, sein unerwartetes Kommen, sein baldiges Vergehen.

Karl Ferdinand Gutzkow

Diwan-i-Khas (private Audienzhalle), Rotes Fort, 1639
Delhi/Indien

30. OKTOBER

Pläne sind die Träume
der Verständigen.

Ernst von Feuchtersleben

American Radiator Building, 1924
Raymond Hood und André Fouilhoux
New York/U. S. A.

31. OKTOBER

Kevin Roche praktiziert eine Art Alchimie in der er mit atemberaubender Virtuosität die technischen Möglichkeiten unserer Zeit anwendet, um zeitgemäße Formen und Räume zu kreieren, die in wunderbarer Weise die institutionellen Programme unserer Zeit beherbergen können.

American Academy and Institute of Arts and Letters

Ciudad Grupo Santander, 2005
Kevin Roche
Madrid/Spanien

1. NOVEMBER

Was die Architektur vornehmlich des Mittelalters von den Werken der Antike unterscheidet, die für würdig befunden wurden, als Typus zu gelten, ist ihre Freiheit im Umgang mit Form.

Eugène-Emmanuel Viollet-le-Duc

Kathedrale Notre-Dame de Reims, Westportal, 1211–1311
Reims/Frankreich

2. NOVEMBER

Ich wünsche mir einen starken Archaismus. Ich glaube, das ist wirklich modern, Architektur sollte archaische, historische Werte transportieren.

Mario Botta

Weingut Petra, 2001–2003
Mario Botta
Suvereto/Italien

3. NOVEMBER

Was der Mensch sei, sagt ihm nur
die Geschichte.

Wilhelm Dilthey

Pfalzkapelle Aachen, Oktogon, Ende 8. Jahrhundert
Aachen/Deutschland

4. NOVEMBER

Jede Zeit hat ihre Aufgabe, und durch die Lösung derselben rückt die Menschheit weiter.

Heinrich Heine

Chesa Futura Apartmenthaus, 2002
Norman Foster
St. Moritz/Schweiz

5. NOVEMBER

Wissen ist Macht.

Francis Bacon

University of Oxford, ab 1474
Oxford/England

6. NOVEMBER

Einfachheit ist keine Frage des Besitzes,
sondern der Kultur.

Bertha Pappenheim

Cliff Palace im Mesa Verde Nationalpark, 550–1300
Mesa Verde Nationalpark/U. S. A.

7. NOVEMBER

Ich dachte: »Lass uns eine Art von Insel auf dem Wasser bauen, etwas wie in den Märchen, den Legenden, das man nicht berühren kann, aber man kann darunter gehen und innen drin sein.«

Paul Andreu

Chinesische Nationaloper, 2001–2008
Paul Andreu
Peking/China

8. NOVEMBER

Nichts ist gewiss – außer der Vergangenheit.

Seneca

Parthenon, Giebelfries, 447 v. Chr. bis 433 v. Chr.
Iktinos, Kallikrates
Athen/Griechenland

9. NOVEMBER

Die ehrliche Konstruktion in vereinfachter Form; ich halte, wie schon gesagt, das vorläufig für das richtige Prinzip, nach dem wir arbeiten sollten.

Hendrik Petrus Berlage

Hearst Tower in New York, 2004
Norman Foster
New York/U.S.A.

10. NOVEMBER

Du musst in der Gegenwart leben,
dich selbst auf jede Welle begeben,
die Ewigkeit in jedem Moment finden.

Henry David Thoreau

Superstudio Più in Mailand, 2000
Mailand/Italien

11. NOVEMBER

Daraus erhellt, meine ich, dass die Schönheit gleichsam dem schönen Körper eingeboren ist und ihn ganz durchdringt, der Schmuck aber mehr die Natur erdichtenden Scheins und äußerer Zutat habe als innerlicher Art sei.

Leon Battista Alberti

Notre-Dame de la Garde, Fassadendetail, 1853–1864
Henri-Jacques Espérandieu
Marseille/Frankreich

12. NOVEMBER

Ständiges Denken über die Einfachheit führt dazu, dass man weniger einfach wird.

Gilbert Keith Chesterton

Meisterhaus in Dessau, Treppenhaus, 1925/26
Walter Gropius
Dessau/Deutschland

13. NOVEMBER

Es gibt keine andere Leiter zum Himmel aufzusteigen als das Kreuz.

Rosa von Lima

Notre-Dame de Guîtres, Westportal, 12.–17. Jahrhundert
Guîtres/Frankreich

14. NOVEMBER

Uns geht es um das Ausloten dessen, was Architektur überhaupt sein und leisten kann.

Jacques Herzog

IKMZ (Informations-, Kommunikations- und Medienzentrum) an der BTU Cottbus, Bibliothek, Innentreppe, 1998–2004
Herzog & de Meuron
Cottbus/Deutschland

15. NOVEMBER

Der Architekt verwirklicht durch seine Handhabung der Formen eine Anordnung, die reine Schöpfung seines Geistes ist.

Le Corbusier

Justizpalast Chandigarh, 1951
Le Corbusier
Chandigarh/Indien

16. NOVEMBER

Nicht die Kinder bloß speist man mit Märchen ab.

Gotthold Ephraim Lessing

Samode Palace Hotel, Detail, 19. Jahrhundert
Samode/Indien

17. NOVEMBER

Am höchsten geschätzt ist das farblose Glas, weil es am meisten dem Kristall ähnelt.

Plinius der Ältere

Nationalgalerie Kanada, 1988
Moshe Safdie
Ottawa/Kanada

18. NOVEMBER

Ehrfurcht ist der Angelpunkt der Welt,
Ehrfurcht gegenüber der Natur, dem
Mitmenschen und Gott.

Johann Wolfgang von Goethe

Kloster Erdene Zuu, 1586
Karakorum/Mongolei/China

19. NOVEMBER

In solchem Dom nun ist Raum für ein ganzes Volk. Denn hier soll sich die Gemeinde einer Stadt und Umgegend nicht um das Gebäude her, sondern im Innern desselben versammeln.

Georg Friedrich Wilhelm Hegel

Notre-Dame de Laon, Mittelschiff, 1170–1235
Laon/Frankreich

20. NOVEMBER

Die Krone des Seelenfriedens ist unvergleichbar wertvoller als leitende Stellungen im Staate.

Epikur

Tempodrom, Dachkonstruktion, 2000/01
Meinhard von Gerkan
Berlin/Deutschland

21. NOVEMBER

Wenn ein Volk zu großen idealen Anstrengungen unfähig geworden ist, geht es unter.

Jakob Bosshart

Kolosseum, 72–80 n. Chr.
Rom/Italien

22. NOVEMBER

Nach Wahrheit forschen, Schönheit lieben, Gutes wollen, das Beste tun – das ist die Bestimmung des Menschen.

Moses Mendelssohn

Qutb Minar, 1200–1236
Delhi/Indien

23. NOVEMBER

Oder meint ihr, dass ihr in das Paradies
eingehen werdet, noch ehe euch
das Gleiche widerfahren ist wie denen,
die vor euch dahingegangen sind?

Koran 2,214

Al-Fateh Moschee, Detail, 1990
Manama/Bahrain

24. NOVEMBER

Alles Unbekannte gilt für groß.

Tacitus

Süleymaniye Moschee, Innenraum, 1550–1557
Sinan
Istanbul/Türkei

25. NOVEMBER

Mir gefallen die Weite, die Transparenz,
ich möchte die Sonne hereinlassen…

Triumphbogen, 1806–1836
Jean-François Chalgrin
Paris/Frankreich

Norman Foster

26. NOVEMBER

Du musst aber wissen, dass die Freunde Gottes nimmer ohne Trost sind.

Meister Eckhart

Itchan Kala (Innere Stadt) in Khiva, 18.–19. Jahrhundert
Khiva/Usbekistan

27. NOVEMBER

Wenn man so eine Existenz ansieht, die zweitausend Jahre und darüber alt ist, durch den Wechsel der Zeiten so mannigfaltig und vom Grund aus verändert, und doch noch derselbe Boden, ... , und so wird es dem Betrachter von Anfang schwer zu entwickeln, wie Rom auf Rom folgt, und nicht allein das neue auf das alte, sondern die verschiedenen Epochen des Alten und Neuen selbst aufeinander.

Johann Wolfgang von Goethe

Kirche St. Luca e Martina vom Forum Romanum aus, 1634/35
Ottaviano Mascherino, Pietro da Cortona
Rom/Italien

28. NOVEMBER

Wisset, dass es drei Dinge gibt, deren Anblick dem Allerhöchsten besonders missfällt: die allzu ausgedehnten Ländereien, der Luxus der Bauwerke und schließlich die Künstelei unnützer Ausschmückungen im geistlichen Gesang.

Großes Exordium von Citeaux

Notre-Dame in Bayonne, 1213 bis 15. Jahrhundert
Bayonne/Frankreich

29. NOVEMBER

Die Betrachtung eines geschlossenen Bauwerks als eines Ganzen außer uns im allgemeinen Raume bedeutet schon einen beträchtlichen Schritt auf dem Wege zur Nachbarkunst, nämlich zur Plastik.

August Schmarsow

Auditorium in Santa Cruz de Tenerife, Außenansicht, 1989–2003
Santiago Calatrava
Teneriffa/Spanien

30. NOVEMBER

Der Weg zum Reichtum
liegt hauptsächlich in zwei Wörtern:
Arbeit und Sparsamkeit.

Benjamin Franklin

Rathaus Köln, 1567–1571
Cornelis Floris und Wilhelm Vernukken
Köln/Deutschland

1. DEZEMBER

Die Sakralbauten soll man derart
herstellen, dass man zu ihrer Hoheit
und zur Bewunderung ihrer Schönheit
nichts mehr hinzufügen könnte.

Leon Battista Alberti

Frauenkirche Dresden, ab 1702
Georg Bähr
Dresden/Deutschland

2. DEZEMBER

Das Bild des Großen gefällt uns in jeder Hinsicht, denn unser Wesen, immer bestrebt, sein Lebensgefühl zu erhöhen, möchte das ganze Universum umfassen.

Étienne-Louis Boullé

Sony-Center am Potsdamer Platz, 1996–2000
Helmut Jahn
Berlin/Deutschland

3. DEZEMBER

Anordnung ist der einzige Zweck
der Baukunst.

Jean-Nicolas-Louis Durand

Schloss Versailles, Innenhof, 1631–1780
Versailles/Frankreich

4. DEZEMBER

Wer weiß, vielleicht bin ich ja wirklich ein Traditionalist.

Norman Foster

Swiss Re-Tower, Fassade, 2001–2004
Ken Shuttleworth, Norman Foster
London/England

5. DEZEMBER

Wenn China erwacht, erzittert die Erde.

Napoléon Bonaparte

Festung Jiayuguan am Jiayu-Pass, 1372–1539
Jiayu-Pass/China

6. DEZEMBER

Wie fang ich nach der Regel an?
Ihr stellt sie selbst und folgt ihr dann.

Richard Wagner

Moschee Hassan II., 1987–1993
Casablanca/Marokko

7. DEZEMBER

Unordnung schafft Knechtschaft.

Charles Péguy

Château de Chambord, Dachdetail, 1519–1544
Chambord/Frankreich

8. DEZEMBER

Wenn ich dies Wunder fassen will,
so steht mein Geist vor Ehrfurcht still.

Christian Fürchtegott Gellert

Basilika San Vitale, 522–547
Ravenna/Italien

9. DEZEMBER

Was ich an Neuem vorbringe, tue ich weniger in der Absicht, das Alte zu korrigieren, als ihm seine frühere Vollkommenheit zurückzugeben.

Claude Perrault

Hospiz La Vieille Charité, 1671–1704
Pierre Puget
Marseille/Frankreich

10. DEZEMBER

Ohne Christus wäre die Geschichte unverständlich.

Ernest Renan

Pfalzkapelle Aachen, um 790–800
Aachen/Deutschland

11. DEZEMBER

Ich habe mehr als das Paradigma eines Architekten, ich habe das Paradigma des Malers.

Santiago Calatrava

Oper im Palau de las Artes Reina Sofia in Valencia, 1991–2006
Santiago Calatrava
Valencia/Spanien

12. DEZEMBER

Die Schrift ist das große Symbol
der Ferne, also nicht nur der Weite,
sondern auch vor allem der Dauer,
der Zukunft, des Willens zur Ewigkeit.

Oswald Spengler

Alhambra, Saal der Abencerragen, Stuckornament und -schriftzeichen,
15. Jahrhundert
Granada/Spanien

13. DEZEMBER

Meine Untersuchungen kreisen immer um die Idee des Spezifischen und ich möchte nicht dasselbe Vokabular oder dieselbe Architektur an jedem Ort der Welt wiederholen.

Jean Nouvel

Institut du Monde Arabe, 1987
Jean Nouvel, Pierre Soria und Architecture Studio
Paris/Frankreich

14. DEZEMBER

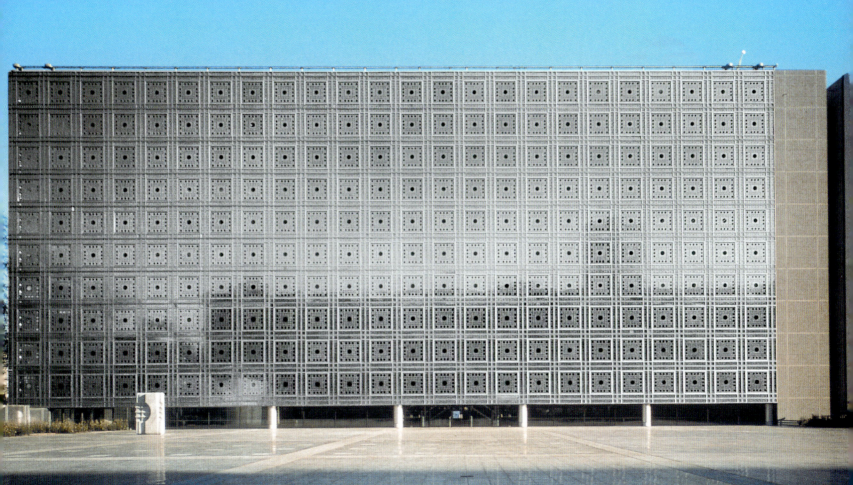

Denen ist das Gold gut, die es recht zu gebrauchen wissen, aber denen bringt es ernstlich Schaden, die es übel brauchen.

Johann Agricola

Klosterkirche St. Michael, Fassade, 1108–1760
Sviatopolk II Iziaslavych et al.
Kiev/Russland

15. DEZEMBER

Auch aus Steinen, die einem in den Weg gelegt werden, kann man etwas Schönes bauen.

Johann Wolfgang von Goethe

Saint Paul's Cathedral, 1677–1708
Christopher Wren
London/England

16. DEZEMBER

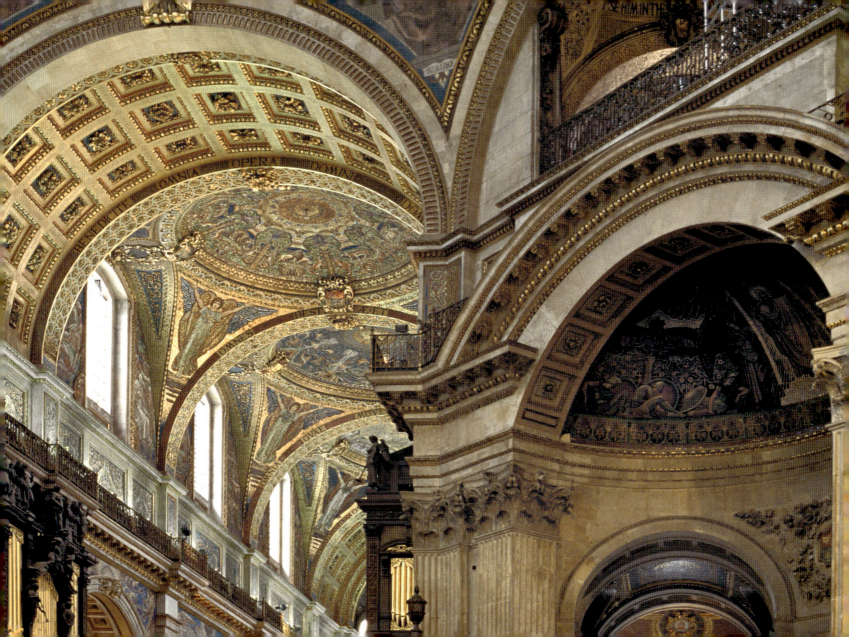

Nun, Architektur ist komischerweise die materialistischste Disziplin, die man sich vorstellen kann, weil es wirklich um Physikalität geht, um Material. Es geht um den Kampf gegen die Schwerkraft, wissen Sie. Und glauben Sie mir, die Schwerkraft kann ein ziemlich stures Ding sein …

Renzo Piano

47 Helmsley Building, 1929
Warren & Wetmore
New York/U.S.A.

17. DEZEMBER

Heute sind Museen ein integraler Bestandteil des öffentlichen Lebens. Man geht hin, um Kunst zu betrachten, Mittag zu essen, Kaffee zu trinken. Das Museum ist im wahrsten Sinne zum Ausflugsziel geworden.

Zaha Hadid

Wissenschaftsmuseum Phæno, Garderobenbereich und Ruhebänke, 2005
Zaha Hadid
Wolfsburg/Deutschland

18. DEZEMBER

Das Mittelalter stellte die Idee über alle Doktrin oder Tradition und folgte dieser Idee nahezu fanatisch, oft genug blindlings.

Eugène-Emmanuel Viollet-le-Duc

Münster unserer lieben Frau, 1176–1439
Straßburg/Frankreich

19. DEZEMBER

Wer im Glashaus sitzt, sollte nicht mit Steinen werfen.

Deutsches Sprichwort

Casa da Música, 2001–2005
Rem Koolhaas
Porto/Portugal

20. DEZEMBER

Wer den wahren und echten Schmuck eines Gebäudes herausfinden will, der wird tatsächlich einsehen, dass dieser nicht durch Aufwand von Mitteln, sondern wohl hauptsächlich durch Reichtum an Geist erworben werde und darauf beruht.

Leon Battista Alberti

Château d'Azay-le-Rideau, Detail des Treppenaufgangs, 1518–1527
Azay-le-Rideau/Frankreich

21. DEZEMBER

Großes kann nur von einem Großen geschaffen werden, und er tut es ohne Anstrengung.

John Ruskin

Louvre-Pyramide, 1985–1989
Ieoh Ming Pei
Paris/Frankreich

22. DEZEMBER

Das wahrhafte Sein, die Existenz des Menschen und die Existenz Gottes, offenbaren sich nicht dem denkenden, sondern dem schöpferischen Menschen.

Otto Heuschele

Dom Santa Maria del Fiore, 1296–1436
Florenz/Italien

23. DEZEMBER

Die Schöpfung setzt sich unaufhaltsam
im Medium Mensch fort.

Antonio Gaudí

Sagrada Familia, Detail, 1883–1926
Antonio Gaudí
Barcelona/Spanien

24. DEZEMBER

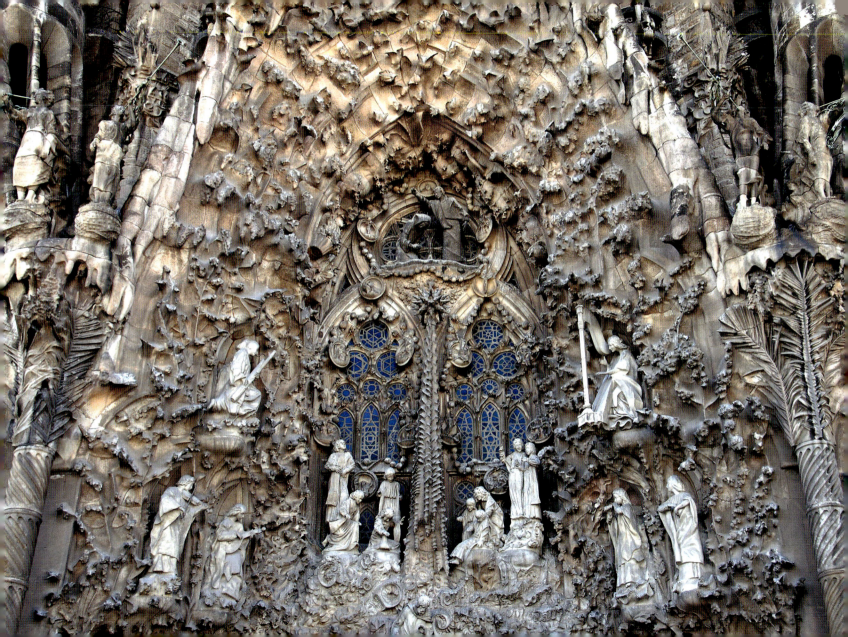

Die Glasmacherkunst ist eine der schönsten und edelsten unter den Künsten und die Wunder, die sie in ihrer Materie und Struktur einschließt, ebenso wie in den verschiedenen Farben, die man bei ihr verwenden kann, erscheinen uns so schön und so seltsam, dass sie in uns das Verlangen wecken, ihre Grundlagen zu studieren und ihre verborgenen Geheimnisse zu ergründen.

Haudicquer de Blancourt

Kathedrale St. Denis in Paris, Fensterrosette, 1130–40
St. Denis/Frankreich

25. DEZEMBER

… das Unglaubliche verliert seinen Wert, wenn man es näher im Einzelnen beschauen will.

Johann Wolfgang von Goethe

Sky Bridge zwischen den Petronas Twin Towers, 1996–2003
César Pelli
Kuala Lumpur/Malaysia

26. DEZEMBER

Mir fehlt hier das eine hässliche Stück,
das die Wohnung gemütlich macht.

Timoleon

Hotel Q!, Innenansicht, 2002–2004
GRAFT Gesellschaft von Architekten
Berlin/Deutschland

27. DEZEMBER

Jenes Plätzchen lächelt mir
vor allen anderen auf der Erde zu.

Horaz

Sanssouci, 1745–1747
Georg Wenzeslaus von Knobelsdorff
Potsdam/Deutschland

28. DEZEMBER

Die schönste Harmonie entsteht durch das Zusammenbringen der Gegensätze.

Heraklit

San Marco, Westfassade, 829–1500
Venedig/Italien

29. DEZEMBER

Man muss die Gerüste wegnehmen,
wenn das Haus gebaut ist.

Friedrich Nietzsche

Johnson Wax Research Tower, 1944–1950
Frank Lloyd Wright
Racine/U. S. A.

30. DEZEMBER

Wie kommt mir solcher Glanz
in meine Hütte? Oh, das bedeutet
einen tiefen Fall.

Friedrich von Schiller

The Royal Pavilion, 1815–1822
John Nash
Brighton/England

31. DEZEMBER

Register der Abbildungen

Aachen, Pfalzkapelle 4.11., 11.12.
Agilika, Tempel der Isis 27.7.
Agra, Taj Mahal 1.1.
Albi, Sainte-Cécile 20.10.
Alen, William van 27.1., 7.8.
Amarante, Carlos 8.2.
Amiens, Notre-Dame 19.1., 5.7., 25.10.
Andreu, Paul 8.11.
Andria, Château Castel del Monte 24.2.
Angkor Wat, Tempelanlage 20.8., 15.10.
Anthemios von Tralleis 23.10.
Arc-et-Senans, Königliche Saline 2.2., 10.9.
Archaia Epidaurus, Amphitheater 2.7.
Arquitectonica 5.10.
Arta, Agios Vassilios 30.1.
Athen
    Erechteion 29.6., 12.7.
    Parthenon 9.11.
Atkins, W. S. & Partners 9.9.
Aveyron, Klosterkirche Sainte Foy 6.10.
Azay-le-Rideau, Château 4.5., 21.12.
Babylon, Ischtar-Tor des Nebukadnezar-Palastes 9.5.
Bacon, Henry 23.6.
Bähr, Georg 2.12.
Bandiagara Klippen, Behausung der Tellem 16.10.
Bangkok, Wat Arun-Tempel 14.7.
Barcelona
    Agbar-Turm 10.3.
    Casa Amatller 24.4.
    Casa Batiló 25.5.
    Deutscher Pavillon zur Weltausstellung 14.8.
    Olympiahafen 22.9.
    Sagrada Familia 27.12.
Barry, Charles/Pugin, Augustus 3.6.
Bayonne, Notre-Dame 29.11.
Beaune, Hôtel Dieu 21.1.
Behnisch, Günther 17.7.
Berlin
    Altes Museum 11.8.
    BahnTower am Potsdamer Platz 25.1.
    Brandenburger Tor 3.10.
    Britische Botschaft 27.5.
    Corbusier-Haus Flatowallee 16 18.5.
    DZ Bank Pariser Platz 30.4.
    Hotel Q! 24.12.
    Indische Botschaft 7.3.
    Jüdisches Museum 3.2., 27.3.
    Kuppel des Reichstages 22.6.
    Neubau Deutsches Historisches Museum 15.3.
    Philharmonie 10.2.
    Sony Center 5.4., 3.12.
    Tempodrom 21.11.
Bilbao, Guggenheim Museum 22.3.
Blois, Schloss 25.8.
Bosra, Römisches Theater 22.4.
Bothe Richter Teherani 20.4.
Botta, Mario 2.1., 28.10., 3.11.
Boule-d'Amont, Sainte-Marie de Serrabona 24.6.
Braga, Born Jesus do Monte 8.2.
Brasilia, Kongressgebäude 21.6.
Brighton, The Royal Pavillon 31.12.
Brixen, Dom Mariae Aufnahme in den Himmel und St. Kassian 26.1.
Brünn, Villa Tugendhat 8.1.
Brüssel
    Atomium 26.7., 24.10.
    Gildehäuser an der Grand Place 5.2.
Budapest
    Gellért-Bad 19.9.
    Gresham Palast 16.3.
    Ungarisches Parlamentsgebäude 3.9.
Bukhara, Kalayan-Moschee 9.2.
Bumthang, Kurjey Lhakhang Kloster 21.2.
Burghausen, Hans von 11.2.
Calatrava, Santiago 18.1., 31.1., 18.6., 30.11., 12.12.
Capri, Casa Malaparte 19.6.
Casablanca, Moschee Hassan II. 4.9., 7.12.
Cecil, William (Lord Burghley) 13.6.
Cerri, Pierluigi/Colombo, Alessandro 1.10.
Certosa di Pavia, Klosterkirche Madonna delle Grazie 23.9.
Chalgrin, Jean-François 2.6.
Chandigarh, Justizpalast 16.11.
Charlottesville, Monticello 6.5.
Châteaudun, Château 27.2.
Cheng, Jia Huan 17.9.
Cheval, Ferdinand 2.10.
Cluny, Abtei 31.3.
Codalet, Saint-Michel-de-Cuxa 8.3.
Collodi, Villa Garzoni 21.7.
Contin, Antonio 4.8.
Córdoba
    Medina Azahara 25.2., 9.8., 15.8.
    Mezquita 13.1., 23.7., 7.9.
Cottbus, IKMZ (Informations-, Kommunikations- und Medienzentrum) an der BTU 15.11.
Delhi
    Diwan-i-Khas 30.10.
    Qutb Minar 23.11.
Dessau
    Bauhausgebäude 7.2., 30.3., 7.5.
    Meisterhaus 13.11.
Destrée, Julien 19.4., 10.10.
Doha, Museum der Islamischen Künste Katar 28.6.
DP Architects, Wilford, Michael & Partners 17.3.
Dresden
    Frauenkirche 2.12.
    Semperoper 28.3.
    Zwinger 14.4.
Dubai, Hotel Burj el Arab 9.9.
Dubrovnik, Fürsten-Palast 28.8.
Düsseldorf, Frank O. Gehry-Haus 13.5.
Eiffel, Gustave 30.5., 26.9.
Elciego, Luxushotel Marques de Riscal 17.10.
Elne, Sainte-Eulaile-et-Seinte-Julie 12.2.
Espérandieu, Henri-Jaques 26.5., 12.11.
Éveux, Sainte-Marie de La Tourette 12.1.
Florenz
    Dom Santa Maria del Fiore 1.5., 8.6., 23.12.
    Ponte Vecchio 6.9.
    San Lorenzo, Medicikapelle 13.7.
Floris, Cornelis/Vernukken, Wilhelm 1.12.
Foster, Norman 22.1., 19.3., 22.6., 10.7., 5.11., 10.11.
Foster, Norman & Partner 29.1.
Garnier, Charles 10.5.
Gateshead, The Sage Gateshead 19.3.
Gaudi, Antonio 25.5., 27.12.
Gehry, Frank O. 14.1., 22.3., 30.4., 13.5., 31.5., 1.9., 22.9., 17.10.
Gerkan, Meinhard von 21.11.
Gizeh, Pyramiden 15.2.
Glasgow, The Glasgow School of Art 3.1.
Gonzáles, Aníbal 16.4.
GRAFT Gesellschaft von Architekten 24.12.
Granada, Alhambra 29.4., 14.5., 15.7., 13.12.
Groningen, Groninger Museum 31.8.
Gropius, Walter 7.2., 30.3., 7.5., 13.11.
Guarini, Guarino 7.1.
Guîtres, Notre-Dame 14.11.
Hadid, Zaha 4.3., 10.4., 12.4., 18.12.
Halsbach, Jörg von 9.10.
Hamburg, Dockland 20.4.
Hardouin-Mansart, Jean 27.6., 9.7.
Hauterives, Palais Idéal 2.10.
Helsinki, Kiasma Museum für Moderne Kunst 14.9.
Herzog & de Meuron 16.1., 9.4., 25.6., 15.11.
Hildebrandt, Johann Lucas von 11.3.
Holl, Steven 14.9.
Hollein, Hans 23.1., 23.4.
Hongkong, Bank of China 14.10.
Hood, Raymond/Fouilhoux, André 31.10.
Hvar, Ruine eines gotischen venizianischen Palastes 18.7.
Iktinos/Kallikrates 9.11.
Istanbul
    Hagia Sophia 28.9., 23.10.
    Süleymanlye Moschee 25.11.
Ito, Toyo 26.2., 23.8.
Jahn, Helmut 25.1., 5.4., 3.12.
Jaisalmer, Fassade mit Gadi Sagar-Wasserreservoir im Hintergrund 8.7.
Jakowlew, Postnik 1.4.
Java, Borobudur-Tempel 18.9.
Jefferson, Thomas 6.5.
Jerusalem, Felsendom 16.7.
Jianshui, Konfuzianischer Tempel 14.2.
Jiayu-Pass, Festung Jiayuguan 3.3., 6.12.
Johnson, Philip 11.5., 16.6., 29.9.
Karakorum, Kloster Erdene Zuu 19.11.
Khiva, Itchan Kala (Innere Stadt) 27.11.
Kiev, Klosterkirche St. Michael 15.12.
Klenze, Leo von 5.8.
Knobelsdorff, Georg Wenzeslaus von 28.12.
Köln
    Dom 2.3.
    Rathaus 1.12.
Konarak, Sonnentempel 15.6.
Koolhaas, Rem 1.3., 26.11., 20.12.
Kuala Lumpur, Sky Bridge zwischen den Petronas Twin Towers 26.12.
Kurokawa, Kisho 24.5.
Kushalnagar, Sêra Kloster 19.2.
Landshut, Heiliggeistkirche 11.2.
Langhans, Carl Gotthard 3.10.
Laon, Notre-Dame 18.4., 20.11.
Las Vegas, Bally's Hotel 28./29.2.
Le Corbusier 12.1., 1.2., 17.4., 18.5., 11.7., 18.8., 16.11.
Le Havre
    Maison de la Culture du Havre (»Le Volcan«) 20.9.
    St. Joseph 13.3., 19.5.
Le Thoronet, Zisterzienserkloster 22.7.
Ledoux, Claude Nicolas 2.2.
Leipzig, BMW Automobilwerk 12.4.
Léon Wohlhage Wernik Architekten 7.3.
Lhasa, Potala-Palast 7.10.
Libera, Adalberto 19.6.
Libeskind, Daniel 3.2., 12.6.
Lifschutz Davidson 17.8.
Lille
    Alte Börse 19.4., 10.10.
    Grand Place (Hausfassaden) 6.3.
Lissabon, Paris:Sete-Shop 5.5.
London
    City Hall Greater London Authority 29.1.
    Golden Jubilee Bridges 17.8.
    Saint Paul's Cathedral 18.2., 29.7., 16.12.
    Swiss Re-Tower 3.4., 5.12.
    Tate Gallery of Modern Art 30.6.
    Tower of London 3.8.
    Wembley-Stadion 22.1.
    Westminster-Palast 3.6.
Los Angeles, Walt Disney Concert Hall 31.5.
Lumbini, Lumbini International Research Institution (LIRI) 21.4.
Luzarches, Robert de 19.1., 5.7., 25.10.
Lyon
    Bahnhof Lyon-Saint-Éxupéry 31.1.
    Oper 26.6.
Machuca, Pedro 15.7.
Mackintosh, Charles Rennie 3.1.
Maderno, Carlo 27.10.
Madrid
    Ciudad Grupo Santander 1.11.
    Hotel Puerta America 4.3., 10.4.
Mailand
    Museum der Arnaldo Pomodoro-Stiftung 1.10.

Superstudio Più 10.11.
Teatro alla Scala 28.10.
Manama, Al-Fateh Moschee 24.11.
Marseille
  Hospiz La Vieille Charité 10.12.
  Notre-Dame de la Garde 26.5., 19.8., 11.9., 12.11.
Mascherino, Ottaviano/Cotorna, Pietro da 28.11.
Medina von Marrakesch,
  Ben Youssef Medersa 18.3., 21.8., 15.9.
Meier, Richard 4.7.
Melk, Benediktinerkloster 4.2.
Mendelssohn, Erich 15.4.
Mendini, Alessandro 31.8.
Mesa Verde Nationalpark, Cliff Palace 7.11.
Meteora
  Kloster Saint Nicholas Anapausas (Fresken) 6.4.
  St. Charalambos im Kloster Agios Stephanos 1.7.
Michelangelo Buonarroti 9.3., 1.6., 13.7.
Mies van der Rohe, Ludwig 14.8., 8.1.
Millau, Viadukt 11.1.
Moissac, Abtei Saint-Pierre 24.1.
Mönchengladbach, Museum Abteiberg 23.1., 23.4.
Montbard, Zisterzienserkloster Fontenay 21.3., 8.5., 13.8.
Montreal, Olympiastadion 22.5.
Montreuil-Bellay, Château 5.3.
Moskau, St. Basilius 1.4.
Mount Abu, Dilwara Tempel 23.5.
München
  Allianz-Arena 25.6.
  Alte Residenz 5.8.
  Frauenkirche 9.10.
  Museum Brandhorst 6.2.
  Olympiastadion München 17.7.
Mutianyu, Große Mauer 15.5.
Nash, John 31.12.
Neresheim, Benediktiner-Abtei 28.4.
Neu Delhi, Lotus-Tempel 7.6.
Neuhardenberg, Schloss 9.6.
Neumann, Balthasar 28.4.
Neutra, Richard 29.7.
New Canaan, Glass House 11.5., 16.6.
New York
  American Radiator Building 31.10.
  Chrysler Building 27.1., 7.8.
  Empire State Building 9.1.
  Freedom Tower, Entwurf 14.6.
  Freedom Tower, Rendering 12.6.
  Hearst Tower 10.11.
  Helmsley Building 17.12.
  Hotel on Rivington 8.10.
  IAC-Gebäude 1.9.
  New York Times-Gebäude 20.1.
  Seagram Building 29.9.
  Solomon R. Guggenheim Museum 2.5., 12.8.
  The Westin New York at Times Square 5.10.
  World Financial Center 13.2.
  World Trade Center 19.10.
Niemeyer, Oscar 21.6., 20.9.
Nîmes, Maison Carré 22.8.
Nizza
  Museum der asiatischen Kunst 26.8.
  St. Nicolas 24.9.
Nomea, Centre Culturel Tjibaou 28.7.
Noto, Santa Chiara 7.7.
Nouvel, Jean 10.3., 26.6.
Nouvel, Jean/Soria, Pierre/Architecture Studio 14.12.
Ohiopyle, Haus Fallingwater 20.3.
Oia/Santorin, Griechisch-orthodoxe Kirche 12.10.
Olbrich, Joseph Maria 24.3.
Olympia, Olympia 25.9.
Ottawa, Nationalgalerie Kanada 18.11.
Oxford, University of Oxford 6.11.
Padua
  Banca Popolare Etica 26.4.
  Dom 9.3.
Palladio, Andrea 17.6.
Palm Springs, Kaufmann House 20.2.
Palma, Andrea 27.4.
Palmyra, Ruinen 30.7.
Paris
  Centre Georges Pompidou 26.10.
  Cinémathèque Française 14.1.
  Cité de la Musique 20.5.
  Eiffelturm 30.5., 26.9.
  Hôtel de Cluny 5.1., 10.8., 16.9.
  Institut du Monde Arabe 14.12.
  La Grande Arche 8.8.
  Louvre-Pyramide 25.3., 6.8., 22.12.
  Notre-Dame 3.5., 20.7.
  Opéra Garnier 10.5.
  St. Denis 25.12.
  Triumphbogen 2.6.
Pei, Ieoh Ming 15.3., 25.3., 28.6., 6.8., 14.10., 22.12.
Peking
  CCTV Zentrale-Neubau, Rendering 1.3.
  Chinesische Nationaloper 8.11.
  Nationales Schwimmzentrum (»Water Cube«) 31.7.
  Nationalstadion Peking (»Vogelnest«) 9.4.
  Verbotene Stadt 6.1.
Pelli, César 13.2., 26.12.
Pereira, William 5.9.
Perret, Auguste 13.3., 19.5.
Petra, Felsenstadt 18.10.
Pfifferwiesen, Firmengebäude der B|Braun Melsungen AG 21.10.
Philokles/Archilocos 29.6., 12.7.
Piano, Renzo 20.1., 28.7., 4.10.
Piano, Renzo/Rogers, Richard/Franchini, Gianfranco 26.10.
Pietrelcina, San Pio 4.10.
Pisa, Santa Maria Assunta 15.1.
Poissy, Villa Savoye 17.4., 11.7., 18.8.
Poitiers, St. Pierre 21.9.
Pompeji, Haus der antiken Jagd 29.5.
Pons, Gryzwinski 8.10.
Pope, John Russell 10.1.
Pöppelmann, Matthäus Daniel 14.4.
Porto, Casa da Música 26.11., 20.12.
Potsdam
  Einsteinturm 16.4.
  Schloss Sanssouci 28.12.
Prag, Hradschin 30.9.
Prantauer, Jakob/Muggenast, Josef 4.2.
Prenzlau, Sankt Marien 30.8.
PTW, Arup 31.7.
Puebla, Kathedrale 11.10.
Puget, Pierre 10.12.
Puig i Cadafalch, Josep 24.4.
Punakha, Kloster 13.9.
Racine, Johnson Wax Research Tower 30.12.
Rastrelli, Bartolomeo 16.5.
Ravenna, San Vitale 9.12.
Reims, Notre-Dame 26.3., 13.10., 2.11.
Remoulins, Pont du Gard 12.5.
Riedel, Eduard 22.2.
Roa, Santa María 17.2.
Roche, Kevin 1.11.
Rom
Äskulaptempel im Garten der Villa Borghese 12.9.
Auditorium Parco della Musica 24.7.
Dio Padre Misericordioso 4.7.
Kolosseum 22.11.
Museum der römischen Zivilisation 29.8.
Pantheon 1.8.
Petersdom 1.8., 27.10.
San Giovanni in Laterno 25.7.
St. Luca e Martina 28.11.
Ronchamp, Notre-Dame du Haut 1.2.
Rossano, Santa Maria del Patire 4.1.
Rouen, Notre-Dame 17.5.
Rügen, Jagdschloss Granitz 2.4.
Sabrata, Römisches Theater 29.10.
Safdie, Moshe 18.11.
Sahba, Fariborz 7.6.
Saint Donat sur l'Herbasse, Kloster von St. Michael 11.4.
Samode, Palace Hotel 17.11.
San Francisco
  Museum of Modern Art 2.1.
  Transamerica Pyramide 5.9.
Santiago de Compostela, Kathedrale 23.3.
Saorge, St. Saveur 25.4.
Saragossa, Torre del Agua 16.2.
sauerbruch hutton 6.2.
Scharoun, Hans 10.2.
Schinkel, Karl Friedrich 2.4., 9.6., 11.8.
Schwangau, Neuschwanstein 22.2.
Scott, Giles Gilbert/Herzog & de Meuron 30.6.
Semper, Gottfried 28.3.
Sevilla
  Alcazar 23.2., 27.8.
  Park Maria Luisa 16.4.
  Santa Maria de la Sede 28.1.
Shanghai
  Jin Mao Tower 10.6.
  Oriental Pearl Tower 17.9.
Shreve, Lamb & Harmon 9.1.
Shuttleworth, Ken/Foster, Norman 3.4., 5.12.
Sinan 25.11.
Siena
  Klosterruine Abtei San Galgano 4.4.
  Santa Maria Assunta 11.6.
Singapur, Esplanade-Kulturzentrum 17.3.
Skidmore, Owings & Merrill LLP 10.6., 14.6.
Spreckelsen, Johan Otto von/Andreu, Paul 8.8.
Sriranga, Sri Ranganathaswami Tempel 12.3.
St. Moritz, Chesa Futura Apartmenthaus 5.11.
St. Petersburg
  Belosselskij-Beloserskij-Palast 27.9.
  Smolnyj Kloster 18.5.
Stackenschneider, Andrei 27.9.
Stamford, Burghley House 13.6.
Steindl, Imre 3.9.
Stirling, James 19.7.
Straßburg, Münster unserer lieben Frau 19.12.
Strelitzas, Theophanis 6.4.
Studio Tamassociati 26.4.
Stuttgart, Neue Staatsgalerie 19.7.
Suvereto, Weingut Petra 3.11.
Sviatopolk II Iziaslavych 15.12.
Sydney, Opernhaus 2.8.
Syrakus, Kathedrale 27.4.
Taillibert, Roger 22.5.
Tal'an, Dai Miao-Tempelkomplex 28.5.
Tange, Kenzo 21.4., 26.8.
Taxco, Santa Prisca 15.7.
Teneriffa, Auditorium in Santa Cruz de Tenerife 18.6., 30.11.
Teresa, Enrique de 16.2.
Thoronet, Abtei 22.10.
Tokio
  Mikimoto Building 23.8.
  National Tokio Art Center Roppongi 24.5.
  Prada Store Aoyama 16.1.
  Tod's Omotesando Building 26.2.
Tolsá, Manuel 11.10.
Toul, Saint-Étienne 21.5.
Toulouse, St. Sernin 17.1.
Tschumi, Bernard 20.5.
Turin, San Lorenzo 7.1.
Utzon, Jørn Oberg 2.8.
Vals, Thermalbad 7.4., 4.6.
Vágo, József/Quittner, László und Zsigmond 16.3.
Valencia
  Ciudad de las Artes y de las Ciencias 18.1.
  Oper im Palau de las Artes Reina Sofia 12.12.
Valetta, Nationalmuseum der schönen Künste 2.9.

Bildnachweis

Venedig
  Dogenpalast 29.3., 3.7.
  San Marco 29.12.
  Seufzerbrücke 4.8.
Versailles, Schloss 27.6., 9.7., 4.12.
Vicenza, Villa La Rotonda 17.6.
Vilnius, St. Peter und Paul 13.4.
Virlogeux, Michel/Foster, Norman 11.1.
Wagner, Otto 8.4.
Warren & Wetmore 17.12.
Washington D. C.
  Jefferson Memorial 10.1.
  Kapitol 20.6., 6.7.
  Lincoln Memorial 23.6.
  Smithsonian American Art Museum 10.7.
Wien
  Ausstellungsgebäude der Wiener Secession 24.3.
  Schloss Belvedere 11.3.
  Wohnhaus Linke Wienzeile 38 8.4.
Wies, Wieskirche 14.3.
Wilford, Michael & Partners 27.5.
Wilford, Stirling, Nägeli 21.10.
Wolfsburg, Wissenschaftsmuseum Phæno 18.12.
Wren, Christopher 18.2., 29.7., 16.12.
Wright, Frank Lloyd 20.3., 2.5., 12.8., 30.12.
Xlapac, Palast 24.8.
Yamasaki, Minoru 19.10.
Yazd, Kabir Jaame Moschee 16.8.
Zaor, Jan/Frediani, Giambattista 13.4.
Zimmermann, Johann Baptist und Dominikus 14.3.
Zumthor, Peter 8.4., 4.6.

Die Bildvorlagen wurden uns freundlicherweise von laif agentur für photos und reportagen zur Verfügung gestellt, im Einzelnen: Adenis/Gaff: 3. Februar, 14. März, 9. Oktober; Almargo/Gamma: 10. April; Amme: 3. Mai; Artz: 20. Februar; Aurora: 20. März; Babovic 2. Dezember; Back: 23. Februar, 27. Dezember; Barbier Bruno/hemis.fr: 6. Oktober; Berthold Steinhilber: 23. November; Bie Sam/Gamma/eyedea: 12. Mai; Bock H.: 7. Juni; Body Philippe/hemis.fr: 8. Dezember; Boening/Zenit: 16. Januar, 30. April, 24. Mai, 24. Oktober; Boisvieux Christophe/eyedea/Hoa-qui: 13. April, 25. August; Borgese Maurizio/hemis.fr: 10. März; Boudha/Gramma: 21. April; Bruno Perousse/hemis.fr: 26. November; Bungert, Sabine: 8. Januar, 20. April; Buss Wojtek/Hoa-qui/eyedea: 16. Mai; Butzmann/Zenit: 3. Dezember; Catherine Bibollet/eyedea: 27. Februar, Chicurel Arnaud/hemis.fr: 18. April; ChinaFotoPress: 9. April; Christian Cuny/Rapho/eyedea Illustration: 21. Mai; Cintract Romain/hemis.fr: 11. März; Clemens Emmler: 15. Februar; Contrasto: 4. Januar, 9. März, 26. April, 4., 21., 24. Juli, 29. August, 1., 4., 28. Oktober, 11. November; Dagmar Schwelle: 26. Februar, 23. August, 25. November; Derwal Fred/hemis.fr: 28. Mai; Digaetano/Polaris: 8. November; Dozier Marc/hemis.fr: 4., 5. März, 6., 29. April, 18. Juni, 1. Juli, 27. August, 30. November, 13., 21. Dezember; Dugast J.-T./eyedea: 15. Juni; Eddie Gerald: 5. April; Eitan Simanor/Hoa-qui/eyedea Illustration: 19. November; Emile Luider/Rapho: 25. Oktober, 20. November; Emmler: 19. Juli; Escudero Patrick/hemis.fr: 22. Mai, 11. Oktober; Eslami Rad/Gamma/eyedea Presse: 16. August; François Gohier/Hoa-qui/eyedea Illustration: 18. November; Frank Heuer: 17. Februar; Fred. Thomas/Hoa-qui/eyedea Illustration: 22. Juli, 19. August, 11. September, 20., 22. Oktober, 12., 20. November; Frieder Blickle: 26. Januar; Frumm John/hemis.fr: 25. April, 5., 17. Oktober; Galli: 7., 15. Januar, 11. Februar, 7., 27. März, 4., 28. April, 27. Mai, 11. August, 14. September, 3., 4. November; Galliarde Raphael/Gamma/eyedea Presse: 29. Mai; Gaasterland: 13. Mai; Gamma/eyedea Presse: 14. Juni; Gardel Bertrand/hemis.fr: 26. Mai, 23., 26. Dezember; Gernot Huber: 8. April; Gilles Rigoulet/hemis.fr: 17. Mai, 10. August, 16., 21. September; Gonzalez: 1. Juni, 14. August; Guiziou Franck/hemis.fr: 6., 17., 24. Januar, 28. August; Hahn: 16. März; Heeb: 10. Januar, 28./29. Februar, 3. April, 23., 30. Juni, 10., 24. November, 16. Dezember; Heiko Meyer: 21. Oktober; Hemis: 13. Januar, 19., 5., 8., 9., 14., 25. Februar, 8., 13., 24. März, 1. April, 14., 19. Mai, 20., 25., 29. Juni, 5., 9., 7., 18., 23., 27. Juli, 2., 5., 8., 17., 22., 26. August, 10., 19. September, 27. Oktober, 7., 27., 28. November, 7., 14., 18., 19., 25. Dezember; Hemispheres: 9., 21., 31. Januar, 2., 4., 12. Februar, 23., 31. März, 27. April, 30. Mai, 5., 26., 27. Juni, 20. Juli, 9., 12. August, 18., 25., 28. September, 12. Oktober, 29. Dezember; Hervé Champollion/eyedea/Top: 21. Mai, 12. August, 30. Oktober; Herve Hughes/hemis.fr: 16. Februar, 15. August, 24. September, 2. November, 12. Dezember; Hoa-Qui: 9., 31. Mai, 6. Juni, 6. August, 22. September; Holland. Hoogte: 31. August; Horst Dieter Zinn: 23. September; Horst Kloever: 15. Juli; IML: 25. Mai, 24. Dezember; Jacques Sierpinski/Top/eyedea Illustration: 16. Oktober; Jalain Francis/Hoa-qui: 25. Dezember; Jan-Peter Boening/Zenit: 3. Oktober; Jean-Claude Varga/Keystone-Franc: 5. Januar, 9. Juli; Jean-Daniel Sudres/eyedea: 24. Februar; Jean-Pierre Couraeu/eystone-France/Explorere Archives/eyedea Presse: 24. August; Joubert Jean-Denis/Hoa-qui/eyedea Illustration : 8. September; Katja Hoffmann: 18. Februar, 15. März, 5. Dezember; Kirchgessner: 1. Februar, 9. Dezember; Kirchner: 28. März, 2., 14., 15. April, 9. Juni, 20., 30. August, 15. November; Klein: 2. März, 3. Juli; Krinitz: 26. September, 26. November; Kristensen: 4. August; Kurt Henseler: 15. Oktober; laif: 19. Juni, 7. Oktober; Langrock: 12. April; Le Figaro Magazine: 25. Januar, 10. Februar, 28. Juli, 8. Oktober; Lescourret JP/Explorer/eyedea/Hoa-qui : 8., 11. April, 6. Juli, 12. September; Linkel: 14. Oktober; Lorenzo Ciniglio/Polaris: 1. September; Maisant Ludovic/hemis.fr: 28. Januar, 17. März, 16. April, 5., 20. Mai, 28. Juni, 3. September, 15. Dezember; Manousos Daskalogiannis/IML: 23. Oktober; Marc Gantier/Rapho/eyedea Illustration: 26. Oktober; Marcus Hoehn: 18. Mai; Mattes René/hemis.fr: 18., 30. Januar, 24. April, 12., 25. Juli, 9. November; Mattes R./Hoa-qui/Explorer/eyedea Illustration: 7. September; Maurizio Borgese/hemis.fr: 14. Januar; Meyer: 10. Juni; Michael Martin: 1. Januar; Moirenc Camille/hemis.fr: 11. April, 2. Oktober; Morandi Bruno/hemis.fr: 14., 30. Juli, 4., 6., 15. November, 18. Oktober, 7. Dezember; Patrick Escudero/hemis.fr: 18. März, 21. August; Patrick Forget/eyedea/Hoa-qui: 6. März, 19. April, 20. September; Patrick Forget/Explorer/Hoa-qui/eyedea Illustration: 10. Oktober; Patrick Frilet/hemis.fr: 17. November; Paul Langrock/Zenit: 21. November; Paul Spierenburg: 21. Januar, 23. April, 5. September; Philippe Roy/Hoa-qui/eyedea Illustration: 29. Oktober, 14. November; Piel Patrick/Gamma/eyedea: 22. Februar; Piepenburg: 2. Januar; Pierre-Olivier Deschamps/VU: 12. Januar, 18. Februar; Putelat Pierre/Hoa-qui/eyedea Illustration: 2. Juli; Raach: 3. Januar; Rapho: 17. April, 11. Juli, 18. August, 16. November; REA: 11. Januar, 22. März, 1. November, 22. Dezember; REA/Financial Times: 29. Juli; Regina Bermes: 16. Juli; Reinicke: 22. Juni; Reporters: 26. Juli; Rieger Bertrand/hemis.fr: 19. Dezember; Riehle: 3. März, 6. Dezember; Robert Tixador/eyedea/Top: 9. Mai, 23. Mai, 23. Mai, Rodtmann: 9. September; Sasse: 2. Mai, 27. September; Seux Paule/hemis.fr: 22. April, 17. September; Steets: 21. Juni, 5. November; Stefan Falke, S.: 13. Februar; Stuart Forster/TCS: 19. Februar; Sylvain Grandadam/Hoa-qui/eyedea Illustration: 15. Mai; TCS: 12. Juni; The NewYorkTimes/Redux: 20., 27. Januar, 16. Juni, 10. Juli; Thomas Linkel: 6. Februar; Thouvenin Guy/Hoa-qui/Explorer/eyedea Illustration: 10. Dezember; Tobias Gerber: 8.; Juli, 2. September; Tony Law/Redux: 31. Juli; Top: 8. Mai; Tophoven: 3. August; VU: 7. Februar, 30. März, 7. April, 7. Mai, 4. Juni, 13. November; Westrich: 29. Januar; Wysocki Pawel/hemis.fr: 4. Mai; Yang Fuzeng/ChinaFotoPress: 1. März; Yann Guichaoua/eyedea/Hoa-qui: 26. März, 10. Mai, 24. Juni, 13. Oktober; Zanettini: 1. August

Weitere Abbildungen stammen von: Achim Bednorz, Köln: 1. Dezember; akg-images/Hervé Champollion: 25. März; akg-images/Bildarchiv Monheim: 11. Dezember; all over/Marcus Brooke: 20. Dezember; artur: 20. Dezember; Bilderberg, Hamburg/Reinhart Wolf: 17. Juni; Corbis/Vince Streano: 7. August; Esto/Esra Stoller: 30. Dezember; Foster + Partners: 19. März; Georges Fessy: 14. Dezember; IFA, Munich,/Fritz Schmid: 31. Dezember; Jörg Machirus/Mac-Fotoservice: 29. September, 31. Oktober, 7. November; Look: 1. Mai, 22. November; Look/Jürgen Richter: 1. Mai; Mark Fiennes: 13. Juni; Markus Hilbich: 29. März, 30. September; Nigel Young/Foster + Partners: 22. Januar; Norman McGrath: 11. Mai; Rainer Kiedrowski: 17. Juli; Scala, Florenz: 13. Juli; Scott Murphy: 19. Oktober

Auf dem Einband:
Vorderseite:
Guggenheim Museum Bilbao, 1997
Frank O. Gehry

Rücken:
vgl. 2.8.

Rückseite (v.l.n.r.):
1.1., 12.8., 1.6., 9.4.

www.laif.de